健身美学
重塑女性体态、形体与力量

— 超人气健身科普博主 ｜ 中国女子健美运动员 —

赵鑫 著

人民邮电出版社

北京

图书在版编目（CIP）数据

健身美学：重塑女性体态、形体与力量 / 赵鑫著
. -- 北京：人民邮电出版社，2022.4
ISBN 978-7-115-57082-6

Ⅰ．①健… Ⅱ．①赵… Ⅲ．①女性－健身运动 Ⅳ.
①G883

中国版本图书馆CIP数据核字（2022）第033006号

免责声明

作者和出版商都已尽可能确保本书技术上的准确性以及合理性，并特别声明，不会承担由于使用本出版物中的材料而遭受的任何损伤所直接或间接产生的与个人或团体相关的一切责任、损失或风险。

内 容 提 要

　　本书由中国女子健美运动员、超人气健身科普博主赵鑫专业打造。作者从帮助女性了解自己的身体开始，解答了一系列女性健身入门者可能遇到的问题，例如月经周期与训练安排、训练目标、时间规划、合理膳食等，并展示了一系列基于小器械和徒手训练的、由基础到进阶的训练动作，每个动作都提供了细致的指导，包括详尽的训练步骤、注意事项、训练安排及小提示等，最后还提供了一系列基于不同训练诉求的训练方案示例，可以有效帮助女性健身入门者少走弯路，达到高效、安全健身的目的。

　　本书适合健身入门者、有健身经验的运动爱好者以及健身教练阅读。

◆ 著　　　　赵　鑫
　　责任编辑　林振英
　　责任印制　周昇亮

◆ 人民邮电出版社出版发行　　北京市丰台区成寿寺路 11 号
　　邮编　100164　　电子邮件　315@ptpress.com.cn
　　网址　https://www.ptpress.com.cn
　　固安县铭成印刷有限公司印刷

◆ 开本：700×1000　1/16
　　印张：13.25　　　　　　　　2022 年 4 月第 1 版
　　字数：240 千字　　　　　　 2025 年 8 月河北第 8 次印刷

定价：68.00 元

读者服务热线：(010)81055296　印装质量热线：(010)81055316
反盗版热线：(010)81055315

前言

有关健身相关的书籍，市面上已经有非常多的选择了，我自己从开始接触健身到现在，8年的时间里也买过很多不同类型的健身书籍，有入门级别的，也有专业性很强的，那么在这样一个已经有如此多优秀书籍的背景下，为什么我还要再完成这样一本书呢？或者说，我认为本书与现有这些优秀作品有什么不同之处呢？

我认为这个区别主要体现在我对健身这件事的认知上，也就是我的健身观。这又与我的健身经历分不开。我尽量简要介绍一下我的健身之路（感兴趣的读者可以通过搜索我的名字关注我的微博）。

2013年我还在读研究生时，第一次接触了健身，其目的和广大女性一样，就是减肥。因此，那时我认知的健身，主要是一个帮助我减肥的手段，过午不食、杜绝可见油的摄入、饿着肚子做有氧运动等种种极端方式我全部都尝试过。虽然体重下来了，但却发现形体依旧不好看。由于我本身是梨形身材（上身脂肪少，而下身脂肪多），瘦下来之后，上身更瘦，下肢相比上肢还是更"胖"。

后来，机缘巧合开始接触器械训练，走上了增肌塑形之路。逐渐地，我上肢的肌肉量慢慢提升，上下肢比例的不协调逐渐得到了改善。这时我认知的健身，是一个可以帮助我重塑形体的手段。

在这之后，我意外地接触到了健美比赛（我的项目是健身比基尼）。由于我先天的骨骼比例与比赛审美倾向的契合，加上那段时间我对训练接近疯狂的热爱，从2016年我第一次走上全国赛的舞台开始，直到2018年，我收获了国内外各种赛事的冠军头衔。

从这个时期开始，我认知的健身，除了可以让我获得好看的形体外，还可以给我带来更多外部的认可和荣誉。

转变发生在2018年最后参加的两场职业比赛，随着比赛规格的提高，备赛的要求也相应提升（追求上台时更极致的身体状态），就在严酷的备赛过程中（极端的减脂过程，吃得少消耗得多），我开始质疑这一切，严苛的训练和饮食是为了什么？如果我都无法感知生活的美好，我又在追求什么？很多健身爱好者健身的目的就是有朝一日拥有类似我这样的形体，然而尽管我已经拥有这些，我却不快乐。是的，我惊恐地发现，健身不再让我快乐。

我不否认，当我获得被外界认可的形体的初期阶段，我是很快乐的。但是，我逐渐发现，仅仅获得好看的形体，不会让你获得持续且深远的快乐。

我相信很多人坚持健身的原因之一在于持有这样一个信念，即认为健身可以获得好看的形体，然后我会因为有了好看的形体而让生活更加幸福。事实真的是这样么？答案是否定的。

我们倡导，让健身服务于生活。如果我只是告诉你可以如何获得好看的形体，其实并不能达到让健身持续服务生活的目的。那么，如何才能让健身真正服务于生活呢？在我看来，是要借由健身，去建立和巩固身心的链接。健身本身既是手段又是目的。现如今的健身潮流，更多强调的是如何通过各种手段（技术至上）帮我们减肥、塑形。曾经的我也是如此，认为技术和方法是最重要的，我要学习最先进的训练原理，最前沿的营养知识，却很少强调对心灵的关注。简单地以为，身体变化了，心灵将会随之变化。现在看来，这是不对的。心灵不是身体的结果，二者是相关作用、互为因果的。仅仅有先进的技术手段，是不能解决"如何获得持久幸福感"这个问题的。

回想我之前丧失对健身的热情的阶段，正是因为更多关注了身体，而忽略了心。经历了自我怀疑的低谷后，我调整了将近2年，我不再让自己执行严苛的训练和饮食计划而不顾内心的感受，我不再让我的身体成为满足意志的工具，而是学会了聆听身体的声音。结果可想而知，我再次点燃了健身的热情，我更加能够享受每次训练的当下，在每次训练中感知自我的变化和成长，而不是把每次训练当成实现虚幻的未来目标的手段。唯有朝着这个方向努力，才不会让"健身服务于生活"成为一句空话。

　　如今，不论是我在一些平台上分享我的健身经验，还是撰写本书，我想要传递的知识和感悟无不建立在我上述的健身观上。我也希望仅仅通过获得好看的形体就可以让我们获得持久的快乐和幸福，但这是永远不可能的。因此，如果你希望通过健身获得幸福生活，唯一正确的路径，便是享受生活、享受运动、享受饮食的每一个当下。

扫描右侧二维码添加企业微信。

1. 首次添加企业微信，即刻领取免费电子资源。

2. 加入体育爱好者交流群。

3. 不定期获取更多图书、课程、讲座等知识服务产品信息，以及参与直播互动、在线答疑和与专业导师直接对话的机会。

目录

CONTENTS

第 1 章　男女有别 |1|

Chapter

1.1　了解自己的身体 / 2

1.2　月经周期和运动安排 / 2

1.3　月经期可以运动吗 / 3

1.4　利用月经周期可以"吃不胖"吗 / 4

1.5　为何月经期前情绪不稳定、血糖低、爱吃甜食 / 5

第 2 章　运动前，你需要知道的事 |7|

Chapter

2.1　你需要的是减肥还是塑形 / 8

2.2　运动前规划好自己的"时间成本" / 8

2.3　通过3个问题，给自己进行一次"健身画像" / 10

2.4　运动中如何最大限度地避免伤病 / 11

2.5　饮食和运动哪个更重要 / 14

第 3 章
Chapter ...
从兴趣出发开始运动 |17|

3.1　什么样的运动减肥最有效 / 18

3.2　运动技能的掌握就是熟能生巧 / 19

3.3　运动是多样的 / 20

3.4　如何制定适合自己的运动计划 / 20

3.5　热身、训练、组间歇 / 23

3.6　开始锻炼，我需要准备什么 / 25

第 4 章
Chapter ...
好身材离不开好好吃饭 |27|

4.1　我一天需要摄入多少热量 / 28

4.2　怎么吃膳食才算合理 / 29

4.3　从减少吃零食开始 / 30

4.4　减少精加工的食物 / 31

4.5　"谈糖色变"的碳水化合物 / 33

4.6　不吃碳水化合物可以瘦吗 / 35

4.7　无糖食品可以帮助减肥吗 / 36

4.8　可以尝试一下地中海饮食结构 / 38

4.9　为什么不推荐禁食 / 40

4.10　雷区：女运动员三联征 / 41

4.11　女性可能需要额外补充的营养素 / 42

第 5 章　训练篇 |47|
Chapter . . .

5.1　准备阶段 / 48

5.2　上肢训练篇——学会俯卧撑 / 50

5.3　上肢训练篇——三角肌 / 70

5.4　上肢训练篇——肱三头肌 / 78

5.5　核心训练篇 / 82

5.6　下肢训练篇 / 118

第 6 章　拉伸 |169|
Chapter . . .

6.1　拉伸的基础认知——肌腱、韧带 / 170

6.2　关于拉伸你必须知道的事 / 170

6.3　拉伸动作 / 172

第 7 章　训练计划 |187|
Chapter . . .

7.1　计划设计 / 188

7.2　16 个完整训练计划 / 192

作者简介 / 201

1

男女有别

————般来说女性在10岁以前身体、形态等指标略低于男性，到12岁左右绝大多数女性发育则快于男性，在12岁这个时间点上（小学到初中），一般男性发育晚于女性2年左右，女性在16~17岁开始，生长速度逐渐减慢（男性在19~20岁），大约到25岁，所有的骨骺线闭合，生长发育停止。

1.1 了解自己的身体

脂肪厚度

相较于男性，女性皮下脂肪较厚，平均厚度约为男性的2.73倍，实际上脂肪对于女性来说是十分宝贵的资源，从某些方面来说它象征了生育的能力，这也从侧面表明过低的皮脂率对于女性而言是不利的。当女性皮下脂肪过低，或者饮食摄入的营养（热量）被限制以后，这对于女性来说可能产生的最大影响就是月经周期不规律。

身体结构

女性的臀部相对较大，这是因为女性有着相较于男性更大的骨盆。仅从身体结构上来说，缺少曲线、"上宽下窄"的男性可以承受的负荷更大，但女性重心低，稳定性更好，同时女性的柔韧性也远高于男性，所以女性进行一些灵活性、技巧性为主的训练会更有优势，这也是为什么瑜伽（柔韧）、普拉提（核心、平衡）及律动性较强的操课参与者中女性更多。

先天内分泌情况

女性以分泌雌激素为主，因此女性希望通过力量训练来增长肌肉的难度也更大。除了分泌雌激素，女性也会分泌一些孕激素和少量雄激素，包括睾酮、脱氢表雄酮（DHEA）和雄烯二酮，这些雄激素的分泌并不主要来自卵巢，而是肾脏。

你大可不必为了这少量的"属于男性"的激素而烦恼，更不用杞人忧天地认为它们会让你变成金刚芭比，毕竟男女有别，女性分泌雄激素的量是很少的，成年女性外周循环中雄激素的水平只有成年男性的5%~10%，但这些激素的主要作用是让你的肌肉肥大（增肌），同时它们也有促进脂肪代谢、在青春期帮助女性发育成熟、减少焦虑感的产生等作用。

能量代谢

在同等身体表面积的前提下，男性的代谢率略高于女性，而男性分泌的雄激素也更倾向于肌肉合成，所以男性的去脂体重（Fat Free Mass, FFM）也高于女性。同等体重的男性和女性，代谢率差异大约是100千卡（1千卡≈4.2千焦），但你同样大可不必为这些代谢差异苦恼，因为男女天生有别，审美也是有差异的。

1.2 月经周期和运动安排

女性月经周期（或生理期）有4个阶段：月经期（约月经周期的第1~7天）、经后期

（约月经周期的第7~14天）、经间期（或排卵期，约月经周期的第14~15天）、经前期（或黄体期，约月经周期的第15~28天）。每个阶段体内的激素水平会略微发生变化。有些运动生理学家认为，在经后期（或卵泡期，比经后期略长，为月经周期的第15~28天），女性的运动能力和工作能力是最强的，经间期次之，黄体期和月经期最弱，尽管这一观点并未在学术界达成统一，但从激素作用的角度来说，是有一定说服力的。因为在逐渐接近经间期时，女性体内的雄激素水平略有提高，而雄激素对于运动表现的提高是有帮助的。

在经后期（或卵泡期），训练强度可以适当增加，而靠近月经期的日子可以安排一些相对轻松、强度低的运动。但是我作为一名健身运动科普作者和曾经的健美运动员必须再次强调这点，即生理期的不同阶段运动能力存在差异并非是百分百的定论，或者说并非是学术界的共识。例如，我们依旧可以看到一些相关的实验结论显示，身体质量指数（BMI）在正常区间的女性，在不同生理阶段进行中低强度的训练时，她们的能量代谢并无显著性差异，也就是说差异不具备统计学意义。同样，一些以女性职业运动员为研究对象的实验的结果也表明，生理阶段与能量物质的代谢水平无关。

1.3　月经期可以运动吗

月经周期是女性正常的生理现象，因为它不是病，所以总的来说月经期是可以运动的，只是需要注意以下情况。

如果你患有严重的痛经，那么不建议在此期间进行运动。因为运动对于身体的状态要求是很高的，当你无法集中精神时，训练的效率和质量都会下降，这不仅会增加运动损伤的风险，还有可能会让痛经的状况更加严重。

如果你只有轻微的痛经或者没有痛经的困扰，那么我建议你可以进行低强度的运动。因为有研究表明适度的运动可以缓解月经期的不适，并且对月经周期的顺利推进是有益的。关于具体运动的形式，可以进行户外散步，或者尝试完成本书后面讲到的那些非跳跃类的自重训练动作，这些都是非常好的选择。

我自己的亲身经历就是如此，每当进行适度运动后，之前的不适感就会有所减轻，整个身体也会感到非常轻松自在。月经期不等于软弱无力，你同样可以享受运动的快乐。除了避免强度较大的跳跃类动作外，还需要注意的是，尽量避免做直接卷腹类的动作，避免增加腹压，影响经期流量。

很多时候，我们会以月经期为借口，让自己理所应当地"犯懒"，而没有真正去聆听身体的声音。要知道，运动才是对身体最好的保养，因此，建议你在下一个月经周期可以从第3天左右尝试进行适度的运动，看看是不是会让身体的状况更好呢？

1.4 利用月经周期可以"吃不胖"吗

网上有个十分"流行"的说法认为，女性可以利用月经期达到吃不胖的目的，属实吗？这也是很多小伙伴问过我的一个问题。暂且不说"流言"的正确与否，单纯从进化的角度来说，如果女性月经周期里有一段时间吃不胖，那么在食物资源匮乏的进化史中，人类可能就被优胜劣汰规律淘汰掉了。

再来讨论"流言"的真伪，这个"流言"的主要依据是：女性月经周期开始后的两周，其能量消耗是平时的两倍，同时在激素的影响下，消化系统的运转也会发生变化，因此可以利用这个时期贪嘴多吃一些而不用担心发胖。

乍一看这条"流言"似乎和本书之前提到的经后期运动能力"最强"的说法是吻合的，实际上它仅仅是利用了一些运动生理学常识的外壳，例如"吃不胖"的两个依据，一个是代谢率的变化，另一个则是消化系统功能减弱。

那么真相是什么呢？从能量消耗的角度来讲，女性在月经周期的不同阶段中，基础代谢确实有差异，比如排卵期过后体温略有增加，但这并不是大幅的变化，只有0.5℃左右的增加，这种程度的体温增加对于基础代谢的影响微乎其微。让我们以一位体重60千克的女性为例来计算一下，她的基础代谢差不多在1200千卡，体温升高1℃，基础代谢提升约13%，按最高值计算其基础代谢也仅有78千卡左右的提升。这个量是什么概念呢？从能量摄入角度换算成食物，也就是不到20克的碳水化合物的热量。从热量消耗角度理解的话，也就相当于不到2千米的步行。所以，这种幅度的体温升高与"吃不胖"甚至减肥都没有必然联系。

咱们再看所谓的"消化系统功能减弱"。我们一开始讲过，女性在月经周期的不同阶段激素水平是浮动的，在孕激素水平升高的阶段，的确有部分女性会出现消化系统功能减弱的情况，主要原因是孕激素会让胃酸分泌减少，胃排空时间增长，同时也会削弱肠胃蠕动的能力等，但这样的影响是非常有限的，甚至有些女性根本没有上述的表现，有些则是在怀孕后才有可能表现出来。因此，因为"消化系统功能减弱"所以"怎么吃都不胖"的逻辑是不成立的。

1.5　为何月经期前情绪不稳定、血糖低、爱吃甜食

　　由于女性在月经周期中激素水平的变化，有些人会表现为生理期前1~2周情绪容易波动，食欲增加，喜欢吃甜食，感觉疲乏无力，并且出现低血糖等表现。随着生理期的结束，上述情况就会消失，这也被称作经前期综合征，英文缩略语为PMS。如果情况较为严重，那么建议你咨询一下妇科医生，而如果情况较轻的话，可以适度运动，把锻炼当作情绪"宣泄"的出口，但不要过量运动，注意事项可以参考1.3小节。

　　目前一些观点认为，PMS的成因与雌激素和孕激素的变化有关，因为它们在一定程度上会影响糖的代谢。所以如果你没有糖代谢相关疾病的话，感觉自己出现了PMS的表现，那么在饮食结构上可以适当增加一些碳水化合物的摄入。

　　除了上述的生理层面原因外，心理层面的因素也值得我们关注。处在月经期的我们，无论在身体上还是精神上，都处于相对薄弱的状态。还记得我在学生时期，每每经历月经期，都可以用"痛并快乐着"来形容。因为我好像有了可以随意吃甜品、薯片一类的零食的借口。事实上，很多时候是我们在给自己灌输这个观念，认为"月经期我需要吃某种或某些食物"，进而养成了习惯。这种冲动，其实是你在心理层面的渴望，而不是身体真的需要。

　　如何改善这种状况？这需要你进行一下自我评估：你是真的特别渴望某种食物，还是惯性地认为这个时期就需要吃这种食物来"犒劳"自己？

　　如果评估的结果是"真的特别想吃"，那我认为你完全可以去满足自己，因为真正的改变不是通过压抑自己来实现的。当然，在你让自己得到满足的过程中需要控制好"量"。当我们品尝美食的时候，往往是最开始的那几口最让人满足，而当你吃到第N口和第N+1口时，你会发现满足的程度不再有变化了，这时候你就可以考虑停下来了。

　　如果评估的结果是"你只是惯性地认为自己需要吃，而没有真的渴望"的话，那么当你意识到自己处于这个状态时，转变想法也就不难了，尝试告诉自己"月经期我不需要吃某种或某些食物"。

　　当然，所有改变都不会一蹴而就，但只要开始尝试努力，就会有所改善。

运动前，你需要知道的事

面对运动这件事，人本身就具有惰性。同时，运动中和运动后的体验对于刚刚接触健身的大多数人来说也是不好的，比如即便你运动前心潮澎湃，也会因为运动中心率的变化、乳酸的堆积等不好的体验使意志很快被削弱。这种体验对于养成运动习惯的人来说也是一样的，只是他通过长时间的锻炼，身体已经形成了一定的适应。如果长期不运动的话，身体机能很快恢复，如果饮食不控制好的话，那么很大概率会肥胖，运动带给他的好处也仅仅出现在回忆中，换句话说：由俭入奢易，由奢入俭难。运动是有一定门槛的，你的目标决定了门槛的高低，这就是本章所讨论的内容。

2.1 你需要的是减肥还是塑形

很多找到我的小伙伴，在我看来她们并不需要减肥，但她们依旧认为自己很胖，存在这种认知差异的主要原因是她们混淆了一些概念。

当一些科研人员研究"减肥"这个主题的时候，他们主要讨论的是BMI，例如世界卫生组织（WHO）在之前的一份报告中指出，1980年以来，世界肥胖人数已翻了一倍以上，2014年，18岁及以上的成年人中约19亿人超重，其中超过6亿人肥胖。以上结论主要依据的就是BMI，也就是身体质量指数。

$$BMI=m/h^2$$

式中，体重m的单位为千克，身高h的单位为米。

得出BMI以后，你属于过轻、正常、超重、肥胖或是重度肥胖，就一目了然了。

现实生活中找到我的女性顾客绝大多数BMI都是正常的，同时体检报告显示她们也没有健康方面的问题，换句话说她们是不需要减肥的，因为"减肥"的本质是指减掉影响你健康的那一部分脂肪。如果你身体健康，BMI正常，那么严格来说你不需要减肥，你需要的只是塑形，而塑形则是从审美角度出发，所以不要给自己灌输太多"减肥"的观念。

为什么要反复强调这一点呢？因为塑形和减肥是两个不同的概念。我遇见过很多案例，本身BMI是正常的，只是对自己的形体不满意，然后开始按照"减肥"的目标要求自己，不吃饭或者采用一些低热量的食谱，由于热量的限制引发暴食，结果导致自己中途放弃，反复几次反而越"减"越肥。体重的反弹是会让人心理受挫的，错误的减肥观念的可怕之处在于，你会感觉自己一直在减肥，但却一直在失败，最后影响到自己的工作和生活。

身体发肤受之父母，每个人的身材比例、体型特点，很大程度上由先天决定，我们后天所做的努力只是无限地接近最完美的自己，现在审美已经多元化，在保证健康的前提下，认识自己独特的美才是正确的选择。

2.2 运动前规划好自己的"时间成本"

任何一项运动涉及的内容几乎都会涵盖力量、耐力、柔韧性、平衡性、协调性、敏捷性等，只是不同项目侧重点不同。例如举重运动就更多倾向于力量（爆发力），为了更好地磨炼运动技巧，平时在训练时会以抗阻训练为主。同时，为了更好地完成动作本身，举起更大的重量，在柔韧性、协调性和平衡性方面也需要进行一定程度的锻炼，所有这些组合在一起，最终实现了"举起更大的重量"的目标。而长跑运动员，例如马拉松运动员，尽管也进行抗阻训练，但由于项目本身的目标不同，所以训练的安排也有很大的差异。职业运动员如此，普通健身人群也是如此，区别在于花费的"时间成本"。

曾经有一个公司找我拍摄一套运动视频，要求就是尽量仰卧位，目的则是降低所谓的运动难度，最终他们想传达的是，每天运动几分钟，坚持几天即可瘦腰、提臀（宣传文案）。我当然不会同意这样的要求，理由很简单，我自身的形体就不是这么练出来的。什么样的饮食行为习惯和生活习惯，就会造就什么样的形体。身材在这方面是很诚实的，所以当你决定跟着本书开始锻炼，首先给自己制定一个可实施的计划，制定的过程中就要考虑运动的"时间成本"这个因素。

以我为例，当我还是一名健身小白的时候，花费在运动上的时间少之又少，刚开始一周一次，后来逐渐增加到一周两次，每次运动 1 小时左右，这样算下来一周最多 2 小时是属于运动的。当时去锻炼的目标很简单——我需要运动，而健身房则是一个付费的运动场所。后来我的目标逐渐改变，我开始向往自己的身材能够像比基尼运动员一样，这使得我的运动成本逐渐增加，不仅是运动时间的单纯增长，为了接近自己的目标，我需要花时间学习一些运动解剖学、运动生理学的知识，为了饮食结构更合理，我需要花时间学习营养学方面的知识……整体的时间付出从一周的 4 小时增长到 6 小时，最后一直到 8 小时左右。所以运动前一定要问自己："我的目标是什么？"目标不同，花费的时间成本也不同。当你想要塑形、减肥，或者仅仅想要保持身体健康，你或多或少都需要在运动上付出相对应的时间成本，而在预估自己的时间成本时，应该注意以下几个问题。

- 如果你的 BMI 正常，只为了塑形的话，建议你先从每周 2 次的训练频率开始逐渐养成坚持锻炼的习惯。运动的前期，我们应该把时间成本的重点放在量的积累上，而不是寄希望于短时间的突击实现奇效。短时间内大幅增加运动频率和时间，会让你由于忽略了具体动作的要点，而增加运动伤病的风险。看似你非常努力，实则是盲目无效的，还会因为物极必反而不可持续。不是运动越多就越有效，饮食、运动和休息是同等重要的。

- 付出的时间成本应该建立在不影响工作和生活的基础上。运动之前，你还需要问自己："我准备采取的运动方式如果变成我生活中的一部分，是否可以接受？"如果你只是把运动单纯看作实现目的的手段，而没有把它变成生活习惯，哪怕你取得再理想的结果，也只会是昙花一现。

- 生活中我们经常会遇到一些突发事件，导致你无法按照预期完成既定的训练计划。

面对这种情况，很多人会盲目地增加下一次运动的强度，从而补偿上一次的"亏缺"。从生理层面来说，这样安排是可以接受的。但是，这背后的心理状态是不对的，它会逐渐加剧你对于运动的焦虑情绪。而运动本身不应该是一件给你带来焦虑的事情。我的建议是，当计划被打乱时，尝试去接受它，少运动一两次是不会从整体上损害你的目标的。

- 运动的时间成本还需要包含饮食管理所花费的时间。要想获得并长期保持理想的形体，改变以往不良的饮食习惯其实比运动更加重要。基础的一日三餐如何科学搭配，都是需要花时间和精力去做的。对于这部分的时间和精力的付出，你要提前做好心理建设。

2.3　通过3个问题，给自己进行一次"健身画像"

我在给顾客做调查问卷的时候，通常问的3个问题是：

- 上一次运动是什么时候？
- 体重从什么时候开始增长？（胖了多久，以及体重的变化）
- 理想中的形体是什么样？（我需要了解她的审美是怎样的）

看上去这是3个无关痛痒的问题，但其意义重大，你也有必要问自己这3个问题。

通过第一个问题，我希望让她回忆一下自己的运动周期，同时我也会对她的运动"历史"做一个简单了解，这决定了接下来每个人开始运动的起点的差异。例如有的人上次运动还是大学期间的体育课，有的人则是近期跟着教练学过一些基础的动作。不同的运动历史造成了刚开始学习成本的不同。如果你的答案是"很少运动"，或者距离上一次运动已经很久了，那么建议你开始运动的频率，每周不要超过3次，最好控制在2次。我们初期花时间成本来运动的目的是养成"每周运动一下"的习惯。当运动不再成为你的负担的时候，你可以把频率提升到每周3~5次。

第二个问题的答案则暗示了坚持运动的"难度"。因为相比起不爱运动，肥胖的主要成因还是在于饮食。一般来说，体重增长到肥胖的程度越大（BMI值越高），减肥面临的难度也就越大。

对于BMI数值大的人想要实现目标，你需要以年为单位制定计划。指数大的人群会在运动初期出现体重大幅下降，尤其在开始后的第一个月，从第二个月开始速度就会变缓，然后骤减步入到所谓的"平台期"。你可能也注意到平台期3个字我打上了引号，因为这并不意味着完全没有变化，这个阶段的身体正处于适应阶段，你需要通过设计新的饮食方案和运动计划来平稳过渡。这个时候最需要的就是保持平稳的心态，千万不要因为体重的数字而受挫。而对于BMI只是高一点的人群来说，短期内达到塑形的目的是可以实现的。本质上，肥胖的程度只是决定了苏醒所需的时间。然而无论是轻度还是重度肥胖，实现目标的关键在于是否真正改变了饮食方式和生活方式，没有改变习惯而收获的"效果"，只会是昙花一现。你需要清楚的是，很多人中途放弃的主要原因正是设定的目标和付出的时间不匹配，过于极端和急功近利。你需要制定一个大的总目标去引领方向，然后把它拆分成多个小目标，并且确保这些小目标都是可实现的。

第三个问题的目的是让你思考自己的审美观，并判断由此构成的目标可行性如何。对于塑形训练来说，只要你的目标不是特别离谱，比如期望改变那些由基因决定的因素（例如腿变长、胯变窄等），其余的目标都是可以通过付出努力而得到回报的。

基于这个问题，你需要学会正确地认识自身的特点，你不是要变成谁，而是不断地完善自己。因此，形成自己的健身"画像"的过程，总结来说就是：

首先，你要知道自己过往的运动经历，从而循序渐进地安排目标，很少运动的话，刚开始学习本书基础动作的时候就要多花一些精力，有过运动基础的，也要注意每个动作难度上的变化，本书动作的难度都是不断递进安排的，即便是"练过"，也要详细查看要点的讲解。

其次，你要知道自己维持现在的体重多长时间了。可以拿出一张纸，罗列出以往饮食品类的清单，找出来让你胖的元凶是哪些食物。第一步尝试把这些食物的分量减半，同时以优质的蛋白质替代，比如各种瘦肉。并不需要"戒掉"某一食物，因为健康的生活不等于要过上苦行僧的生活。同时要清楚地知道，无论你多么努力运动，如果始终没有勇气去改变饮食习惯的话，你的目标永远只停留在远方。

最后，你要明确自己想练成什么样，然后分阶段完成目标。我在刚开始锻炼的时候就是依靠阶段性的目标收获了现在的成绩，并且超越了我原有的目标，尽管这在当时来看是遥不可及的。

2.4　运动中如何最大限度地避免伤病

关键词——"突击式"锻炼

你可能看过网上很多理智的"健身鸡汤"，诸如那种仅用了几个月的时间就实现了身材巨大变化的案例。抛开一些拍摄技巧不说，这类的案例即便是真的，也仅仅是个案，当你做出要开始运动的决定时，就一定要清楚地认识到健身如同投资一样，不要轻易相信高回报率的个案，而是应该依据自己的情况做长期准备。

　　一口吃不成胖子，但是一口一口不停地吃下去肯定会变胖，什么样的饮食方式和生活习惯决定了什么样的形体，除了病理性肥胖之外，你现在的身体状况是由饮食方式和生活习惯直接决定的。不要期待自己一下子就会发生巨大的转变，这样的想法往往会导致"突击式"运动的发生。大到突然心血来潮的锻炼，跑步、登山等，小到"今天减肥不吃饭了"，这种毫无规律性和连贯性可言的锻炼行为本质上和不锻炼并无差异，最多只能算是一种运动体验，还不能算是好的体验。"突击式"意味着短暂的"吃苦"，进而对运动产生逆反心理。同时，这样的行为也极易造成运动损伤，例如每年夏季因为着装清凉，"肉"藏不住了，就会迎来一个减肥的高峰期，同时这也是横纹肌溶解症的突发时段，每年类似的新闻都会出现。

　　需要在认知上做出的转变是，不要把运动当成单纯的改造形体的工具，运动本身是可以让人更加快乐的。享受运动的快乐，爱上运动，爱上健康的生活方式，形体的改变就是随之而来的附带结果。

关键词——自我感觉

　　运动时你会有一些不是那么愉悦的体验，这种体验从运动一开始到运动后的几天都会伴随着你。运动时，你可能会感觉到肌肉的酸痛，这主要由于身体在为运动供能的时候产生了乳酸导致的。当你做一些心肺需求较大的运动时，心跳加速、呼吸急促甚至大汗淋漓，这也是正常的体验。运动结束时，可能还会体验到肌肉的抽搐，这很有可能是运动强度过大，或者是电解质流失过多的表现。在这样的情况下做一些肌肉拉伸、放松是很有帮助和必要的。

　　运动后的几天，你应该会体验到更严重的肌肉酸痛，甚至会影响日常行动，比如下蹲、上楼等动作，我们称这种现象为延迟性肌肉酸痛（delayed onset of muscle soreness，DOMS）。目前对于延迟性肌肉酸痛的机理还没有定论，不过它的确是正常且常见的现象。一般来说疼痛会持续3天左右，然后逐渐消失，做一些被动的拉伸、放松或者按摩在一定程度上可以缓解肌肉酸痛。

　　除此之外，也有一些体验是不正常的。例如当你做完充分热身后，在做某个动作时关节出现疼痛，有时这是动作不标准导致的，有时也可能是因为这个动作反映出了你早已存在的病理性问题。这时先不要勉强自己完成这个动作，即便是本书中的动作也是如此。我们安排的动作中并非每一个动作都是无法替代的，你要先选择那些不会让你造成关节疼痛的动作进行训练；而针对病理性问题，最好去专业的医院咨询一下，以确保你现在的状况是可以进行运动的。有一些难度较大的动作的学习是需要时间成本的，如果当时无法完成，或者当时的状态（体能、精神状态等）无法完成这个动作，千万不要勉强自己，运动尽管给人励志、突破极限的感觉，但往往超过自己现阶段身体情况的"努力"，只会把你推向伤病。

关键词——热身

热身和动态拉伸对于伤病的预防有着重要的意义。由于运动时间受限，很多人会忽略热身。有些人在冬季运动中会增加热身环节，而在夏季运动中则不做热身。他们的理由通常是，热身的目的是为了提升体温，而夏天体温已经很高了（因为出汗）。实际上正如它的字面意思一样，热身的一部分原因的确是为了提升体温，但热身的另一个重要意义在于"唤醒你的身体"。我们需要通过一系列简单的动作"告诉"你的大脑，身体要逐渐进入运动的状态了，而我们只有在运动的状态下才会降低发生伤病的风险，因为在"运动状态"下，你的神经兴奋度、反应灵敏度以及身体协调性都远高于非运动状态。

关键词——运动装备

居家训练也要注意运动的状态。以往的经验告诉我，一些居家训练的人往往穿着十分随意。其实穿上运动装有时会给人一种"仪式感"，你肯定会有这样的体验，穿上运动服、运动鞋之后，有那么一瞬间十分渴望动一下，姑且不考虑运动服的面料材质，单说这种"仪式感"就会让你有运动下去的动力，试想一下如果是穿着睡衣，也许练一会儿你就会失去动力。

除了着装之外，运动鞋也是居家训练需要准备的。在进行跳跃类动作的训练时，赤足、只穿袜子或穿拖鞋（注意某些运动品牌的拖鞋也是拖鞋）都会增加运动中跌倒、扭伤的风险。如果你不知道选择什么样的鞋，那么可以直接购买各大品牌的慢跑鞋，就是鞋底较软的那种，因为这类鞋子设计是针对各种场景的。同时我们安排的一些动作会用到瑜伽垫，如果展示动作的图片中出现瑜伽垫，那么请务必在训练中也配合使用瑜伽垫，因为在设计动作时我们需要考虑手部的舒适性以及出现力竭时身体和地面的接触。展示动作中出现的弹力带是有使用寿命的，平时使用前注意检查一下弹力带是否有裂口，以防止在训练过程中出现弹力带的崩断。

关键词——心态

下面是个人总结的关于"心态"的几个问题。

● 健身前调整心态，规划充足的运动时间，不要"赶时间"一样的运动，浮躁的状态往往无法让你专注于运动，如果真的没有时间运动，那就宁缺毋滥，干脆好好休息。

- 运动期间不要玩手机，玩手机的时候不要运动，从某种意义上来说，运动期间哪怕是组间玩手机都是在浪费自己的时间和降低运动效率。并且，让运动成为我们暂时远离"信息爆炸"的环境也是一种解压的方式。

- 我们应该享受运动，而不是把运动看成负担，不要因为一次没有锻炼就给自己施加心理压力，这不是一个良好的运动心态，反而会引发焦虑情绪。

- 不要因为偶尔一次的暴饮暴食，就试图用大运动量弥补罪恶感，这种补偿行为往往会造成更严重的进食障碍，这样的状态已经是一种心理疾病了。你当然可以通过运动来消耗多余的热量，但一定不要试图通过过量运动来缓解饮食带来的压力。

- 生病、身体不适的时候，需要的是休息，不要在生病期间运动。我们关注的是在一段时间内形成的规律和习惯，而不是单独一次的努力。

2.5 饮食和运动哪个更重要

运动有很多好处，比如可以降低很多患代谢类疾病、心脑血管疾病的风险，适度的针对肌肉的训练也可以改善人体的内分泌水平，但本书读到这里，你应该也明白了一个道理，运动很重要，但运动可能没你想得那么重要。让我们复原一个生活中常见的情景，突然有一天你决定减肥，你的行动很可能是接下来的两件事，要么不吃饭，要么开始运动，这实际上就是在做一个选择，不吃或者动。

减肥的本质就是让脂肪分解供能，因此我们需要制造一个所谓的"热量缺口"。如果把脂肪比喻成钱的话，你需要想尽办法多花钱，大家早已把减肥这一过程总结为"管住嘴、迈开腿"，这六个字就是制造热量缺口的过程。管住嘴，其实就是减少热量的摄入，而迈开腿就是增加热量的消耗。既然减肥可以总结为"六字箴言"，为何成功的人依旧寥寥无几呢？这是因为很多人自己把难度增加了，没有把握好控制的"度"。例如把"管住嘴"执行成不吃饭，或者极端地吃得"很健康"，这种控制在短时间可以调用意志力去维系，时间一长，往往会被"打回原形"，因为极端控制的饮食状态是无法成为真正的习惯的，它也打破了人的本能、理性和情绪三者的平衡，要知道囤积脂肪是人与生俱来的本能。

同样的问题也体现在运动方面。很多人一开始都会选择通过跑步来减肥，理由也很简单，跑步几乎没有"学习成本"，我们从出生到趴卧，到能坐起来和站立，蹒跚学步之后就会跑了。同时跑步也不太受场地的限制（不严格地说的话），所以跑步是一项看上去入门门槛很低的减肥运动，这也导致我经常收到这样的咨询："老师，我现在每天跑5千米，一个月瘦了几斤，我如果不这么跑了以后，会不会反弹？"答案其实是显而易见的，当你停止跑步之后，原来跑步消耗的这部分热量也就不再继续消耗了，如果饮食摄入不变，那么你的脂肪、体重、肌肉将逐渐恢复成符合你现阶段活动量的样子。

讲完这些，你可能觉得有些沮丧，实际上大可不必如此，管住嘴、迈开腿的方向是没错的，只是你把路径延长了，导致"减肥塑形之路"变得漫长，让我们重新审视这个问题，也就是吃和运动哪个更重要。无论是男性要增肌，还是女性要减肥、塑形，从某种角度来说，大家面对的共同敌人都是脂肪，增肌不代表变胖，否则你的肌肉只能埋没在皮下脂肪中不见天日，减肥、塑形更是直面脂肪，这么看问题就简单了，脂肪从何而来？答案只有一个字——吃。起码目前阶段，人类获取能量的方式还是吃，脂肪是人类贮存能量的一种方式，脂肪增加了说明你之前通过"吃"摄入的能量有盈余，毫不夸张地说，你身体上每一克脂肪都是真金白银吃出来的，你即便是感觉自己花费了很多时间去运动，但只要你脂肪增长了，这背后的本质原因也只有一个——吃。

读到这你有没有感觉答案显而易见？那就是吃比运动更重要。如果你饮食控制得不好，就相当于拖了运动的后腿，换句话说饮食习惯如果没有改变，就不可能减肥成功。前面我们说过，运动有一定的"惰性"，而吃恰恰相反。在人类进化（演化）的过程中，由于我们的祖先99.9%的时间都处于一个能量获取困难的恶劣环境中，导致我们对于短时间内可以快速补充能量的食物，或者是高热量的食物有着本能的好感，这种好感具体体现在大脑会分泌很多让你愉悦的激素，其目的就是为了让你记住这些食物。

现如今人类的生活环境产生了重大的改变，尤其是最近的80年左右，食品工业和科技的进步，我们获取能量的方式变得简单、容易且廉价，这种让你感觉愉悦的食物来源更多倾向于"垃圾食品"，肥胖问题的大面积爆发只有最近50年左右，而根据世界卫生组织的报告，世界多数人口所居住的国家，死于超重和肥胖的人数大于死于体重不足的人数，这在人类历史上是首次出现。尽管缺乏运动是人类变胖的原因之一，但显然不是主因。变胖背后的主要因素是我们获取食物（热量）变得更容易了，如果你准备减肥、塑形，那么更多的精力应该放在构建合理的饮食营养结构上。运动方面，对于非职业运动员，我个人的建议是，适度、高效的运动即可。

3

从兴趣出发开始运动 _____

当你明确了自己的目标，了解了自己现阶段需要投入的时间成本以后，紧接着，你面临的可能就是运动细节上的问题。运动是一种习惯的养成，所以开始运动并不意味着你要立即去办一张健身卡，在没有养成习惯之前，健身卡更大可能会沦为一种冲动消费。统计情况是，绝大多数健身房会员卡的激活率和使用率都很低。但实际上当你习惯养成以后，运动真的就会成为你生活的一部分，你会享受运动的时间，而不是咬着牙去坚持。如何正确地享受运动则是本章的主要内容。

3.1　什么样的运动减肥最有效

跑步、跳绳、游泳、跳操等，哪种运动减肥最有效？

这是我经常收到的问题，如果单纯以单位时间内消耗的能量来看，确实有些运动热量消耗会更多，可运动是否有效，绝不是这样衡量的，毕竟人不是没有情感的机器。

例如，我们假设跳绳减肥效果最好，使用的器械（跳绳）也是最便宜的，运动场景所需空间要求也是最低的，但在你准备买跳绳之前是否考虑过两个最基本的问题？

你是否喜欢跳绳这项运动，如果不喜欢，你怎么把它养成一个习惯？

你是否熟练掌握了跳绳的运动技巧，如果没有，你如何保证自己不会受伤？

所以什么样的运动减肥最有效？这是没有标准答案的。运动的本质是量的积累，而不是质的爆发，选择一个适合你的、你喜欢的或者即便是你并非很喜欢但总体来说也不排斥的项目，才是明智的。例如，你不喜欢跑步，选择跑步只因为看到别人是通过跑步瘦下来的，那就完全没有必要咬着牙坚持。运动的种类是丰富的，现在甚至有通过游戏主机完成的交互式运动项目，所以，没有必要死磕一项你不爱的运动，动起来才是关键。

我们说过运动是一种习惯的慢慢养成，除了选择自己喜欢的运动方式之外，还需要考虑运动场景的适用性。常见的健身商品在营销时，会给你呈现一个易于开展的场景描述。例如，跳绳厂商就会强调价格低廉、使用场地小、热量消耗快、心肺功能提升快等优势，尽管这些描述本质上没有大问题，但这些优势是否适合你？还是只是商品的描述让你觉得它适合你？如果选择了一个和自己时间成本、运动水平不相符的运动项目，运动体验往往会很差，这很有可能会导致你中途放弃。所以，考虑一个运动项目是否适合自己的时候，请你一定要冷静地思考你的"个体差异"。

在没有养成运动习惯之前，切忌过多地主观代入一些运动场景。例如，很多人都会买家用跑步机。面对跑步机，你会有很多购买理由，而商品的描述围绕的就是这些场景，比如会"帮"你分析跑步机相比其他健身商品的价格优势。很多家用跑步机的价格和健身房年卡的价格是接近的，同时大部分人去健身房使用最多的就是跑步机，除此之外还会描述一些随时随地运动的可能性，在家看着电视运动，不用考虑外面天气环境等使用场景。然而残酷的现实是绝大多数人买完跑步机以后，它就变成了家具的一部分，甚至是最占地方且无用的家具。这就是没有考虑好一项运动是否适合自己，从而先入为主地进行的一种冲动消费。我并不是说跑步机不好，我们讨论的是一个运动场景的描述是否与你的现实情况相符。事实是，即便你喜欢跑步，但这也和你是否需要"购买跑步机"是两件事。例如，你喜欢跑步是因为加入了一个跑团，定期有组织带你一起跑步，这里面是有一定的社交属性的，而它可能才是你的兴趣所在。如果是这样，显然跑步机是无法激发你的内部动机的。

3.2　运动技能的掌握就是熟能生巧

在开展任何一项运动的时候，你面对的都是两个问题，体能的分配和运动技巧的掌握。在运动心理学中，从生疏到熟练掌握一项运动技巧，整个学习过程大致如下所示，分为动作认知阶段、动作练习阶段以及动作完善阶段。

动作认知阶段　➜　动作练习阶段　➜　动作完善阶段

动作认知阶段：该阶段出现在你刚开始学习一个动作的初期，例如当你翻开本书，准备跟着后面的动作教学开始锻炼的时候，哪怕一个简单的扶墙提膝抬腿你都无法做到精准。在做动作时，大脑同时要记忆各个细节，脑海中可能浮现的是本书的图片、文字内容，由于很多动作是你没有接触过的，所以需要你花费很多时间去熟悉它们。在这个过程中你可能需要一面镜子，或者按照相同的角度拍下自己完成动作的视频，从而观察自己有哪些细节问题没有掌握。所有运动"大神"都是从"小白"开始的，这个难熬的阶段一定不要气馁，运动神经再好的人也不是样样精通的，在动作认知阶段你可能需要重复练习很多次。

动作练习阶段：在这个阶段，你已经不局限于模仿动作，而是可以熟练地掌握动作细节，只是这些细节可能会随着注意力的松懈而被短暂遗忘。当你可以及时发现自己的不足并且进行纠正时，恭喜你已经入门了，本书的动作编排是循序渐进的，或者说难度是递增的，并且把很多看上去较为复杂的动作进行了拆分，所以当你开始跟着本书学习时，尤其到了后面阶段，从生疏到入门（动作认知到动作练习）的过程将会缩短。

动作完善阶段：到了这个阶段，可以说你已经熟练地掌握了这个动作的运动技巧（细节），你甚至可以为自己的动作增加一些难度，再进一步学习其他运动技巧类似的动作时，可能仅仅需要经历动作练习到动作完善的过程了。

总的看来，运动是一件入门较难，一旦打下基础后面的学习就会变得相对容易的事情。很多人往往忽略了第一阶段，如果你仅仅停留在模仿动作的阶段，并未掌握动作的细节，抑或是你根本没有意识到自己动作细节存在的问题，那么最有可能帮你的"粗心"买单的就是你的关节、韧带和肌肉了。

3.3　运动是多样的

除了进行塑形为主的肌肉锻炼，为了让形体更加完善，我还会进行瑜伽、普拉提，偶尔也会和朋友一起尝试一些其他类型的运动。力量训练（抗阻训练）的目的是为了增加肌肉量，对于女性来说这就是塑形的过程，通过让特定部位承受阻力，我们可以让局部肌肉肥大，这就像做了医美的填充一般，只不过肌肉是一种天然的填充物，而本书的主要内容也是针对塑形而设计的抗阻训练，借用简单器械以及自重进行的训练，也占了我运动内容的很大比重。运动是多样性的，抗阻训练≠只能举铁。

瑜伽这项练习对于我关节活动度的调整有很大的帮助。起初练习瑜伽是为了调整形体、体态，因为肌肉锻炼往往会让一些部位的肌肉更为紧张，再加上平时生活中长时间使用电脑和看手机，即便自己有意识地纠正不良体态，或多或少还是会有肩颈不适的困扰。单纯的拉伸和放松是很难让自己养成正确的体态习惯的，比如我无意识用错误的体态保持在电脑前可能会有2至3小时，拉伸和放松的时间只有半小时左右，"错"的重复时间比"对"的重复时间多了太多，因此，拉伸放松尽管可以短暂地解决问题，但效果并不特别理想。然而瑜伽的练习却可以让你从观念习惯上慢慢地改变，同时它对于精神放松也有很大的帮助。虽然我花在瑜伽练习上的时间不长，但我十分注重瑜伽训练的质量，建议阅读本书的小伙伴在改善形体上可以适当地安排一些瑜伽练习。需要强调的是，练习瑜伽并不是为了做高难度的柔韧动作，只要符合自己改善形体的需求就可以了。

运动除了对形体改善有帮助之外，我们还应该更多关注运动本身的价值，那就是肌肉的功能性。普拉提的训练在核心锻炼和呼吸上给了我很大帮助，包括平衡性和协调性，本书中部分动作会涉及呼吸方面的要求，这些动作则是融入了一些普拉提的技巧。

3.4　如何制定适合自己的运动计划

到目前为止，我们了解到要学会结合自己的实际情况（考虑时间成本）去设定目标，同时制定和执行运动计划时需要循序渐进，动作技能的掌握也需要经历一个完整的过程，并且运动是多样性的，应该更多地从自己的兴趣点出发去选择。那么接下来将带大家学习如何制定一个适合自己的运动计划。

　　跟着本书开始你的运动之旅，在初期阶段的运动计划，可以遵循下方表格中的建议。

运动类型	运动时长	运动频次	增加生活中的日常活动量
抗阻训练（书中内容）	半小时（动作学习入门为主）	一周2次，建议不超过3次	例如：增加骑行、步行的次数

为什么只安排半小时？

　　运动初期我们需要让身体适应这个状态的转变，可能一个简单的动作就会让你身心都感到疲劳，体力透支会较快。同时，由于初期的动作学习需要大脑关注很多的细节要点，随着体能的降低，你很有可能无法集中精力，这也会增加发生运动损伤的风险。因此，初期阶段的重点在于养成习惯和培养兴趣，我们需要制定可行性更高的目标。

运动频次会不会太低？

　　一周2次的频率其实是很合适的。在这个阶段，我们看中的是训练的质量而不是训练的频次。欲速则不达，有些人会认为运动频次越高效果则越好，其实初期并不是这样的。高频的运动很容易让你的热情减退，运动习惯是慢慢养成的，一定不要忘记：休息、饮食和运动是一体的。从运动与生活相协调的角度看，突然增加的运动时间成本也会影响到工作和生活的平衡。等到后期，随着运动水平的提高，训练质量也会增加，这时在不影响工作和生活的前提下，就可以考虑适度地增加运动频率。

什么是生活中的日常活动量？

　　成年以后，我们的热量消耗主要来自基础代谢、食物的热效应和活动消耗。对于普通人群来说，基础代谢在一天的热量消耗中占比最大，不过基础代谢是无法产生巨大改变的，也就是说基础代谢基本算是一个定值。而每日消耗中的变量则是活动消耗。"变量"则意味着它的大小是你可以控制的。活动消耗由日常活动量和运动量决定。日常活动是指你进行专门运动外的活动，例如简单的步行、骑车、做家务等让身体动起来的状态。这里最常见的就是步行了。不要以为只有做专门运动的那一个小时才是有价值的，日常活动量的积累可以实现可观的热量消耗。例如你今天上班少坐几站地铁，替代为步行，累积下来达到了一万步，它的热量消耗肯定比你只走一千步要多。

　　需要强调的是，活动量的积累隐含着"增量"的含义。如果你以往已经日行万步，若想在现有情况下改善形体，则需要在现有的日常活动量的基础上进一步积累，才有可能实现每日总消耗热量的增加。

　　入门阶段的训练安排建议如下表。

运动类型	运动时长	运动频次	增加生活中的日常活动量
抗阻训练（书中内容）	半小时到1小时（依据自身体能和动作掌握情况而定）	一周2次，建议不超过3次，可以额外增加1次自己喜欢的运动	例如：增加骑行、步行的次数

如何确定适合自己的运动时长？

　　当你在初期阶段掌握了一些动作细节后，运动时长就可以适度增长了，但要注意合理分配自己的体能。判断依据是当你无法高效地完成某个动作时，即便神经依旧处于亢奋状态，也应考虑降低动作的难度，或者干脆选择休息。例如在进行下蹲练习的时候，如果肌肉已经无法很好地控制膝关节的稳定，那么此时坚持训练就等于坚持让自己受伤，应该及时停止。

为何运动频次没有增加？

　　看上去入门阶段的运动频次与初期阶段是一样的，但由于入门阶段的动作的质量和完成度的提升，这个阶段已经可以收获一些运动的益处了。并且，如果按照一周3次的训练安排，再额外增加1次自己喜欢的运动，那么运动成本是有提升的，这样算下来一周仅有3天休息的时间，实际上运动频次是在增加的。

　　动作熟练掌握阶段的训练安排建议如下表。

运动类型	运动时长	运动频次	养成良好的日常活动习惯
抗阻训练（书中内容）	依据现阶段情况自由组合	养成习惯后基本可以保持一周最少2次，其他运动频次的增加应该在不影响自身工作、生活的前提下自由安排	增加的活动量应该已经融入到生活习惯中

熟练掌握动作后为何运动时长没有要求？

　　掌握动作后，你会发现有些动作自己十分喜欢，有些动作练起来感觉一般，此时动作的细节你已烂熟于心，接下来你需要的就是依据自己的目标来自由组合动作。比如周二是训练日，你想锻炼腰腹核心区（这是你这次训练的目标），那么训练动作就可以从本书中关于核心训练的内容中选择编排。如果把本书比喻成一个菜单的话，刚开始的阶段你是在品尝每一道美食，而现阶段你就可以依据自己的口味，自由选择美食了。进一步，运动时长则是依据你自身的情况而定，只要今天的训练目标完成，你的核心肌群已经力竭了，那么这就是一次高效的运动。

同时在这个阶段，你已经养成了运动的习惯，看见其他运动项目也会有跃跃欲试的感觉，想要挑战一下。这些运动项目的发现、探索和实践，都包含在总的运动频次中，只要不影响工作、生活和休息，那就大胆地去享受运动吧。

3.5　热身、训练、组间歇

一次科学、安全的训练，必须从热身开始。

热身会让你的身体温度提高、心率略微增加，神经开始处于一种兴奋的状态，总之核心的目的是告诉你的大脑——我要开始运动了。

热身是对自身"激活"的一个过程，不同运动项目对身体激活的程度需求也有所不同。比如射击所需的激活程度相比拳击就要低很多，因为过于亢奋反而会影响瞄准。对于按照本书进行训练的小伙伴来说，刚开始的学习动作阶段，进行简单的热身即可，因为这个阶段的运动强度并不大，学习的过程就是你在逐渐进入热身的过程，如果在这个阶段过于亢奋，反而无法专心地掌握运动技巧。

当你入门或者熟练掌握动作以后，本书中刚开始的几个基础动作就可以作为热身的动作进行安排。你也可以在网上学习一些简单的舞蹈动作或者搏击操的热身动作，因为这些运动热身的目的本质上是一样的，只需要甄选一些简单的动作，都可以起到动态拉伸的作用，并且配合音乐的听觉刺激也可以让你的神经中枢得到激活。但在刚开始的学习动作阶段，我不建议听音乐，其原因除了有可能产生前面说过的过度激活影响学习的情况外，还在于人的大脑只能同时专注于一件事情。

训练计划最好提前制定好，比如今天训练的目标是臀部，那么应该提前把训练动作、组数、次数罗列出来，例如下表就是一次核心训练的计划模板，这次训练的目标以锻炼核心肌群为主，同时增加了一些心肺功能的锻炼。

动作	组数/组	重复次数/次	组间歇/秒	动作间歇
热身：扶墙正提膝抬腿	3	20	20	无
热身：站姿交叉提膝抬腿	3	20	15~20	无
热身：站姿提膝转体抬腿	3	20	15~20	无
正式组：俯卧正登山	4	20	20~30	热身休息后直接进行第一个正式组
正式组：俯卧侧登山	4	12	20~30	间歇30~60秒
正式组（重点完成、难度最大）：仰卧-瑜伽球-抬臂-卷腹	3~5	10~15	20~30	间歇60秒
正式组（难度下调、收尾动作）	4	15	10~15	无
运动后：拉伸、放松				

让我们来解读一下制定这个训练计划背后的思考。

第一，明确了训练的目标——核心肌群的锻炼，同时增加一些心肺功能的训练。那么接下来的训练安排都是围绕着目标进行的，热身安排了9组，每个动作重复次数20次，完全可以达到热身的目的，并且热身过程中充分调动了与核心肌群相关的关节和肌肉。又因为正式组的第一个动作是俯卧支撑，所以第一项热身选择扶墙动作就可以初步激活腕关节。

第二，为了锻炼心肺，组间歇相应缩短。动作选择上，俯卧正登山对心肺功能是有一定要求的，正常做20次（左、右算1次）大约需要15~20秒，这短短的十几秒就可以让心率有大幅的提升。熟练掌握动作后，间歇20~30秒完成4组强度是很大的，同时第二个正式组做的是俯卧侧登山，这个动作需要调动更多的腹外斜肌（侧腹），同时对平衡性有更高的要求，换句话说也就是难度更大，因此在动作选择上，难度也应该是递增的。这样安排8组之后，不仅核心区得到了有效的锻炼，同时心肺功能、平衡性和协调性也得到了锻炼。

第三，安排一个稍有挑战的动作。当熟练掌握动作后，可以安排一个稍有挑战的动作。你可以挑战自己心肺的极限，也可以挑战肌肉耐力的极限。例如，在上面的范例中安排的仰卧-瑜伽球-抬臂-卷腹，对腹直肌和大腿内收肌具有较大的挑战。当然这个动作的选择要依据自己的运动能力设置相应的弹性空间，比如组数上设置3~5组，次数上设置10~15次，间歇也可以拉长一些。

第四，组间歇和动作间歇的安排。如果你今天状态一般，组间歇和动作间歇可以延长，同时间歇的时间也是按照自己的运动目标进行调整的。如果训练时间有限，或者为了增强心肺功能，可以缩短组间歇。不过，不论你的目标是什么，都不要忘记组间休息的意义——为了更好地完成下一组。

第五，安排一个难度适中的收尾动作。训练收尾可以选择一个难度适中的动作，我建议你可以选择想要加强的部位进行锻炼（因此在计划中并未给出明确的动作名称）。

3.6　开始锻炼，我需要准备什么

训练前，最需要准备的就是——合理安排自己的时间，关于这一点我们在之前已经讲过多次，在此不再赘述。

训练方面，实际上本书内容都是以自重训练为主，辅助的小器械整体价格也很亲民，具体清单如下表。

需要准备的器械	具体要求	注意事项
小哑铃	1~3千克，依据自身能力选择	理性选择重量，哑铃只是辅助训练的一部分
瑜伽球	瑜伽球的半径大小有区别	依据自身身高购买，瑜伽球的高度不要超过膝盖的高度。如果拿捏不准，可以买一个小一点的瑜伽球
护腕，或者带护腕的运动手套	为了保护腕关节以及防滑	做好清洗和消毒的工作
瑜伽垫	为了更好地锻炼和防滑	瑜伽垫的面积有差异，依据自身情况选择。材质上推荐天然橡胶，更耐用和防滑
弹力带	注意看好弹力带的阻力，本书示范动作使用的弹力带为30磅①的阻力	长时间使用后，有可能发生崩断，使用频繁的话，建议半年更换一次
运动衣、运动裤、运动鞋	吸汗、防滑的运动装备	运动就要穿运动装，有助于身心都处于适合的状态

注：1磅 ≈ 0.454千克。

是否建议使用运动束腰？

如果腰椎间盘不好，那么就尽量避免做对核心肌群要求高的动作，或者干脆不做。若要锻炼应该在专业人士的指导下进行。目前市面上的运动束腰对于运动中的保护偏弱，不仅如此，穿着运动束腰会影响运动过程中的呼吸，情况严重的还会挤压脏器。总之，非常不建议运动中使用束腰。

第**4**章

Chapter ...

好身材离不开好好吃饭 _____

之前的章节我们聊过一个问题，饮食和运动哪个更重要？相信答案大家都已经知道了，那就是饮食比运动更重要，真的就是"三分练，七分吃"。在饮食上很多人容易陷入的误区就是，认为健身应该吃得"干净"。于是很多人开始吃一些"健康食品"，如低脂的鸡胸肉、水煮的蔬菜等。严格来说这些食物的确不容易让你增肥发胖，但是由于它们并不符合你的饮食习惯，你依然只是把这种饮食方式作为减肥的手段，结果必然就是反弹，短暂的有效等于无效。谁都知道吃得"干净"可以减肥，我们每年也都能看到很多打着"减肥、瘦身"旗号的新减肥产品推出，可为什么依然没有解决肥胖率增加的问题呢？正是因为你没有好好吃饭，把最简单的事做好有时是最难的。

4.1　我一天需要摄入多少热量

估算自己一天当中大约需要多少热量的方法为：基础代谢（BMR）×劳动系数（PAL）。

基础代谢的含义可以简单地理解为维持生命体活着的最低能量需求，这个数值并不包含运动的消耗。PAL值对大家来说会比较陌生，实际上这与咱们之前聊过的活动量有一定的相关性。劳动系数，顾名思义，考虑的是你每日的劳动强度，包含工作和运动。例如一位办公室白领每天的劳动强度（热量消耗）肯定比外卖小哥要小一些，所以不同劳动强度就对应了不同的系数。如果你大部分工作时间都是坐着，那么你的PAL值对应的是低劳动系数，数值一般在1.5左右。像外卖小哥、快递小哥这类职业，一天当中60%的时间都在奔波，其职业特点是需要大量的步行、搬运等工作，一般劳动系数在1.8~2.0，单量高的时候，自然数值会更高。因此，工作性质很大程度上决定了你的热量消耗。

我在给顾客估算PAL值的时候，绝大多数白领人群都不会超过1.5，平均的估算值为1.3。如果按照1.5估算，我们发现容易发生高估热量消耗的情况。那么基础代谢又是如何估算的呢？大多数人采用毛德倩的基础代谢计算法，由于数据采集人群都来自中国，所以准确性略高一些。

毛德倩公式（20~45岁）：

$$BMR（男）=（48.5 \times m+2954.7）\div 4.184$$
$$BMR（女）=（41.9 \times m+2869.1）\div 4.184$$

式中，体重m的单位为千克。

例如一位60千克的女性白领，她的基础代谢通过上述公式计算的结果约为1287千卡，假定白领工作的PAL系数是1.3，那么1287×1.3≈1673千卡。如果她的工作强度较大，那么上调PAL值为1.5以后，得到的结果是1930千卡。关于这个结果你必须明确以下两点。

第一点：这只是估算值，可能高估也可能低估，虽然有参考价值，但肯定不是百分之百准确。

第二点：这个数值相当于热量摄入和支出的一个平衡点，你可以理解为，假如这个数值是绝对准确的，那么你摄入同等热量的时候，不会"胖"也不会"瘦"。

因此，到底这样计算出来的数值是高估还是低估，并不是我们可以提前预知的，你可以把计算结果当成一个"假设"，假设是否成立，必须通过实验的验证。在这个情景下，我们假设这个数值是"平衡点"，那么，你按照这个数值制定饮食计划并执行一段时间后

（如2~4周），那么身体的反馈数据应该是，你没有变胖也没有变瘦。如果实践之后，结果的确如此，就说明我们的假设成立，这个数值就是"平衡点"；如果经过一段时间的实践后，发现自己变胖了（整体围度增加），那就说明这个数值被我们高估了，我们的"平衡点"比这个数值低，反之，变瘦则数值被低估，"平衡点"比这个数值高。如果你不想计算，也可以参考下面这个能量消耗的表格，估算一个数值。

年龄/岁	劳动等级	每日所需热量/千卡	
		男	女
18~49	轻体力劳动	2400	2100
	中体力劳动	2700	2300
	重体力劳动	3200	2700
50~59	轻体力劳动	2300	1900
	中体力劳动	2600	2000
	重体力劳动	3100	2200
60~69	轻体力劳动	1900	1800
	中体力劳动	2200	2000
70~79	轻体力劳动	1900	1800
	中体力劳动	2100	1900
80	无	1900	1700

　　这里必须说明一下体力劳动的等级选择。我通过BMR和PAL值计算出自己的数值在2100千卡，对应表格中的"轻体力劳动"。

　　可能你会想，每天都运动难道不应该算中体力劳动或者高体力劳动吗？实际上并非如此，尽管我一周训练大约4次，除了以前做健美运动员比赛备赛的阶段，每次训练时长大概只有1小时。除此之外的大部分时间不是坐着就是给顾客上课，按照每天8小时工作时间来算，运动占的比重还是很低的，所以是"轻体力劳动"。

4.2　怎么吃膳食才算合理

　　人类的进化史几乎就是一个食物的"进化史"，为了获取生存所需的能量，人类的祖先开始直立、行走和奔跑，我们的身体结构为此也发生了改变。当学会用火及炊具被发明以后，食物变得易于消化吸收，我们的下颌骨和消化系统也随之改变。农业文明到来以后，人类开始集中驯化动物，它们成了我们今天的饮食中肉类蛋白质和部分脂肪酸的主要来源；同时谷物、蔬菜、水果等植物也逐渐被种植，它们作为餐桌上的主食、菜品、饮品，成了我们今天的饮食中膳食纤维、微量营养素和脂肪酸的来源。

到了近现代，随着科技和食品工业的进步，我们吃的食物种类看上去变得更丰富了，但实际上更多是加工方式的改变。这里变化最大的就是精加工的方式，比如小麦粉可以通过添加剂和加工方式的混合制作出几十种食品，所以本质上我们的食物种类是远不及新石器时代和旧石器时代的祖先的。为了生存我们"驯化"食物，同时食物也改变了我们，一直到今天。

单纯说肥胖问题，很多人会将它归纳为一种"现代病"，并且都清楚地知道问题来自于"食物"，可看上去我们似乎无能为力，例如我们周围充斥着各种健康食品，各种贴着"营养学"标签的食谱和流行饮食法也屡见不鲜，可这一切似乎并没有很好地解决问题，胖的依旧胖，减不下的脂肪们依旧躲在你的皮肤下。尽管目前我们的营养观念可能是人类历史上最全的，但仔细审视现代人的膳食营养结构就不难发现，今天我们吃的大部分食物是"奇怪"的。

关于这一点，我是十分赞同《为食物辩护》这本书的观点，作者迈克尔·波伦（Michael Pollan）是一位饮食作家，虽然他不是生物学、生物化学或营养学方面的专家，但这并不妨碍他对于食物的认知和理解，因为营养学本质上研究的就是人与食物的关系，我们经常会为了吃得健康做出一些反常的行为，比如仇恨脂肪、仇恨碳水化合物、认为蛋白质增加会得癌症等，这些"防备心"让我们几乎处于一个与食物为敌的状态，最后变成这也不能吃、那也不能吃。实际上，健康饮食，或者说减肥、增肌的饮食，它们的营养结构是类似的，整体来说都有一些通用的规律可循。但要注意，后文介绍的建议本质上是要养成一个良好的饮食行为习惯，需要循序渐进，而不是极端的"戒断式"，极端的手段往往初期见效较快，但在后期绝大多数人都会出现反弹。

4.3 从减少吃零食开始

我们吃的粮食和谷物类食品，比如米饭、馒头、面条等，称为主食，而一餐食物中除了主食外还有副食，比如肉、蔬菜、豆制品等，换句话说，通常我们说的吃饭，就是主食＋副食，而零食则是主食与副食之外的食物了。零食本身没有什么坏处，通常零食也是"80后""90后"童年的回忆，尤其是"80后"，在那个食品资源相对匮乏的年代，零食满足了正餐之外的味蕾。但现在则不同了，零食的种类日趋丰富，比如大街上专卖零食的门店随处可见。把减少吃零食作为第一条原则，并不是说零食不好，我偶尔也会吃一些零食。但不得不说的是，很大一部分女性肥胖的原因则是零食摄入过多，或者说从零食中摄取的能量占了每日能量所需的大部分。我周围不乏朋友仅仅由于减少了零食的摄入，体重就在前三周明显下降了。当然，减少零食摄入不会让你的体重一直下降，能下降多少完全取决于之前饮食习惯中零食的热量占比。

那么零食究竟有什么问题呢？

● 零食看似种类繁多，实际上主要原料差别不大，都是以精加工的谷物、白砂糖以及氢化植物油为主，以主要原料小麦粉为例，基本上可以囊括辣条、饼干、黄油面包等食品。而这些精加工的原料通常热量密度较大，也就是说同样大小的食物，精加工的零食热量更高，同时精加工食品对血糖保持稳定也不利。零食"设计"成如此成分也是造成人们对零食上瘾的原因之一，因为对于这种短时间内能够提供较高热量的东西，我们会有天生的偏好。人类在进化过程中长期处于食物（热量）短缺的环境，这导致我们本能的对热量高的食物有很强的"依赖"性，因为在吃它们的时候，大脑会分泌让你感觉幸福的激素。从生存进化的角度来说，这是为了让你分辨出这个食物可以让你更好地"活下来"，但今天显然就是这个生存本能让我们变胖了。

● 零食的饱腹感通常比不上正餐。很常见的情况是，你可能因为馋而去吃零食，然后又因为到饭点饿了，而继续吃正餐。长期如此的话，多余的热量就会转化成脂肪在体内贮存。因此，减肥先从减少零食的摄入开始，注意这里说的是减少，而不是让你绝对不吃，甚至戒掉。如何做呢？你可以在选择零食的时候尽量挑选量少的，如果能够再查看一下配料表，选择更健康一些的零食的话那就更好了。最近几年兴起了不少号称"健康"的零食，尽管有些产品的配料表确实不错，但是你还是可以留意一下它的热量水平，比如你在吃"更健康"的巧克力时，实际摄入的热量和你吃普通巧克力差不多，那么这款零食对你来说其实也是可有可无的，虽然"健康食品"通常的配料和选材确实更好一些，但它们的"健康"也容易引发另外两个问题：一是很多人觉得"健康"，反倒吃得更多了；二是"健康零食"的价格通常会更高一些。

4.4　减少精加工的食物

人类大量使用精加工食物在整个人类进化史中，只出现在现代。以我国的常见主食大米为例，下表对比了不同加工程度的大米之间营成分的差异。加工生产的大米主要分为糙米、胚芽米和精米，其中糙米就是稻谷仅脱去壳，依旧保留了糠层、胚芽和胚乳部分，这保证了大米绝大多数的营养成分。胚芽米则是在糙米的基础上去除了糠层，保留了部分的米糠和胚芽，算是部分精加工；而精米则是直接去除了糠层和胚芽。因此，按照精加工程度来说，精米＞胚芽米＞糙米，而精加工程度越高，营养价值则越低。

下面让我们简单看一下不同加工程度的大米之间的营养成分的对比（请注意下表实验所用的大米均来自一家公司）。

营养成分	含量		
	糙米	胚芽米	精米
蛋白质 /(g/100g)	8.19	6.61	6.78
脂肪 /(g/100g)	2.14	1.87	0.52
碳水化合物 /(g/100g)	81.57	80.27	80.69
粗纤维 /(g/100g)	1.48	0.45	0.48
维生素A/(µg/g)	0.08	0.05	未检出
维生素B_1/(µg/g)	4.12	3.67	1.24
维生素B_2/(µg/g)	1.37	0.75	0.68
维生素B_6/(µg/g)	1.45	1.48	0.74
维生素E/(µg/g)	4.57	10.2	未检出
维生素B_3/(µg/g)	20.45	18.57	9.89
维生素B_5/(µg/g)	7.56	6.52	4.38
维生素B_7/(µg/g)	0.12	0.09	0.10
维生素B_9/(µg/g)	0.09	0.08	0.05
γ-氨基丁酸/（mg/kg）	25.41	15.25	7.24
钠/(µg/g)	59.2	51.2	40.1
钾/(µg/g)	2415.2	1540.9	925.7
钙/(µg/g)	102.5	72.4	62.4
镁/(µg/g)	1245.5	725.4	501.4
铁/(µg/g)	9.58	5.24	5.04
锌/(µg/g)	21.14	16.78	13.59

数据参考：

[1]王艳，兰向东，陈钊，等. 糙米、胚芽米和精白米营养成分分析[J]. 食品科技，2016(11):4.

[2]胡韬纲，马昀钊，孟宪梅，等. 4种糙米的营养成分比较[J]. 粮食科技与经济，2020, 45(7):3.

[3]刘昆仑，李央，陈复生. 糙米、白米和米糠营养成分分析与评价[J]. 河南工业大学学报：自然科学版，2016, 37(3):7.

简单来说，糙米中的粗纤维实际上就是膳食纤维，其在糙米中的含量大约是精米的3

倍。胚芽米尽管只是部分精加工的食物，但其膳食纤维的含量也与糙米有较大差异，这主要是因为糙米的膳食纤维主要存在于糠层中。对于大量食用精加工食物之前的国人来说，糙米是B族维生素的主要食物来源之一。大米中60%~70%的维生素都聚集在外层组织中，因此，糙米中还有脂溶性维生素A和维生素E，而精米中竟无法检出，并且其他B族维生素也都大量流失。在精加工过程中流失的微量元素不仅有维生素，还有钾、镁、钙、铁等矿物质。此外，糙米中γ-氨基丁酸的含量是精米的3倍之多，最近几年很火的助眠果汁主要成分就是γ-氨基丁酸，因此，实际上只要养成少吃精加工食物的习惯，就可以从食物中自然获取这一营养成分。

4.5 "谈糖色变"的碳水化合物

　　碳水化合物又称为广义上的"糖类"，由于碳水化合物是由碳、氢、氧元素构成，其中氢、氧原子数目的比例通常和水的氢氧原子数目比例相同，所以我们会称它为——碳水化合物。

　　常见的碳水化合物有单糖、寡糖和多糖。单糖属于基本上不能继续被水解的糖，食品中最常见的单糖就是葡萄糖。其他的碳水化合物要被人体吸收和利用都必须被分解为单糖（葡萄糖）才可以。我们吃的白砂糖是寡糖中的双糖，它由两个单糖组成，在人体内经淀粉酶分解为单糖才可以被利用。寡糖中还有一种常见的大豆低聚糖，有些人在食用豆制品时会出现肠胃不适，大多是因为身体在分解大豆低聚糖时缺少了相应的酶。多糖一般指的是淀粉和纤维，淀粉类食物最常见的就是我们吃的主食（谷物等），纤维就是膳食纤维。

　　最近几年，人们几乎是谈糖色变，碳水化合物犹如过街老鼠一般被人一路喊打，各种标榜"健康"的食品也都开始宣称"抗糖"。请你现在冷静地想一下，我们周围的这类产品是不是每年都在增加："低脂""低热量""低碳水"，再到现在的"抗糖"？这些关键词几乎都快把"健康食品"四个字包圆儿了，可是为什么该胖的人依旧胖呢？答案其实很简单，因为我们做得太极端了。食物始终没有错，我们用看似更先进的方式做的只是亡羊补牢。例如，世界卫生组织也发现了添加糖对于现代人身体健康的影响，因此倡导减少游离糖的摄入，每日建议量是不超过总热量的10%，最好可以控制在5%。如果以一个人一天消耗2000千卡能量计算的话，游离糖的摄入所占能量比为不应超过10%，也就是200千卡，这大约相当于50克碳水化合物（1克碳水化合物提供大约4千卡），这里说的额外添加的游离糖指的是果糖、白砂糖等，这个量具体是什么概念呢？就等同于一瓶500毫升的可乐。

面对世界卫生组织的建议，顶级的饮料公司开始给我们提供"亡羊补牢"的选择，例如，有糖的饮料不利于健康，那么公司就推出新产品——无糖饮料，总之一个营养学概念出现之后，填补"健康"的似乎总是这些企业。在这里我并不是说不要选择无糖饮料，而是作为消费者大家应该弄清楚一个概念，你身上囤积的脂肪不单单是因为你选择了有糖食物还是无糖食物，而是我们早已被一整套的饮食行为和生活习惯所影响。

其实，碳水化合物也没有你想得那么可怕。从某些角度来说，人"没有"碳水化合物也能存活，它不像蛋白质，摄入不足就会缺乏必需氨基酸，人体会有危险；也不像脂肪酸，摄入不足也会缺乏必需脂肪酸，人体也无法运转。在营养学的概念中确实没有"必需碳水化合物"的说法，人体可以通过蛋白质和脂肪这些非糖类物质转化成糖，也就是我们不需要碳水化合物也能活下去，这也是抗糖人群之所以坚持这一饮食理念的一大依据。

虽然这是一个很朴素的道理，但你会发现，要执行下去真的很难，谁不爱碳水化合物呢？请你现在列出你最爱的五种食物，这里面是不是多少都会有碳水化合物的身影呢？所以，除非你从小生长在一个不吃碳水化合物的环境中，原本就没有对碳水类食物的偏好，对你来说"抗糖"就没什么大问题，否则单纯的"抗糖"很难长久执行下去，更何况碳水化合物和我们的运动能力是息息相关的。

从人体供能角度来说，碳水化合物是"性价比"最高的供能物质，当你摄入碳水化合物以后，血液当中的糖，也就是血糖，浓度就会提高，这个时候胰岛细胞就会释放出胰岛素让血糖降低到生理浓度范围内。多余的"糖"则会存储在体内两个部位中，其中存储在肝脏中的称作肝糖原，存储在肌肉中的称作肌糖原。

肝糖原主要负责维持血糖平衡，当你血糖浓度降低的时候，存储在肝脏中的糖原就会被释放出来从而平衡血糖，这一点对于人类来说很重要，因为一旦血糖浓度低于生理浓度，人就会发生头晕、瘫软无力，严重的则会昏倒，如果抢救不及时则会有生命危险。

人体肌肉的体积比肝脏大，因此肌糖原的储备也比肝糖原多，大概是肝糖原的2~4倍。肌糖原对于运动来说有着至关重要的作用。例如在前面讲解的一些运动中要求你保持几秒的停顿，类似这样的训练会调动肌肉中的肌糖原直接参与供能，肌糖原分解供能后的产物是乳酸，乳酸的增加使得肌肉内的酸碱度发生变化，这也是当你在做肌肉相关训练时感受到肌肉强烈酸痛的原因。不只是针对肌肉的训练，针对类似马拉松这种有氧运动，肌糖原的储备同样重要。一般来说，一个人肌糖原的储备量（能量），可以支撑其跑完半程马拉松或者10千米以上。还需要注意的是，肌糖原消耗后的恢复通常比肝糖原慢，如果你全身储备的肌糖原都被消耗殆尽，它们的恢复再补充需要差不多24小时。

讲到这里，希望大家明白一个道理，那就是——碳水化合物并不可怕，碳水化合物也不是让你衰老的元凶，食物没错，错在我们的选择；同时对于运动来说，碳水化合物有其重要性。因此，对于碳水化合物的摄入，我有以下几点建议。

● 碳水化合物的摄入量应与运动强度成正比，如果不是进行非常高强度、持续时间非常长的运动，不用额外增加碳水化合物的摄入。

● 种类选择上，建议80%的碳水化合物来源还是以粗加工食物为主，尽量减少游离糖的摄入。

● 持续时间通常在1小时以上的、高强度的、几乎没有间歇的偏耐力型的运动，会让肌糖原的储备下降。针对肌肉的训练对于肌糖原的消耗比较有限，人体在糖原亏空的前提下摄入碳水化合物是不会优先转化成脂肪的，而是会先将其转化为肌糖原和肝糖原储备起来，反之，当自身糖原储备充足时，过量摄入的碳水化合物才会以脂肪的形式贮存。

4.6　不吃碳水化合物可以瘦吗

在前面的章节，我们先讲述了什么是碳水化合物，然后又说明了碳水化合物和运动之间的关系，这样做的目的是为客观地介绍碳水化合物，而不是将其"妖魔化"。相信你肯定听说过类似的不吃碳水化合物的减肥方法，这类饮食方法称为——生酮饮食，或者叫作阿特金斯减肥法。

生酮饮食在很早以前是针对一些疾病的膳食管理而专门使用的饮食方法，但它之所以能够享誉全球则和阿特金斯（Atkins）这个人有着很大的关系。阿特金斯写了一本《阿特金斯医生的新饮食革命》，该书在全球大卖，受到很多人的追捧，因为在当时（1972年）的营养学界内主流观点还是认为脂肪很危险，需要我们加以警惕，而阿特金斯的观点则和主流完全不一样，他将矛头指向了碳水化合物，可以说咱们今天对脂肪的"恐惧"，对碳水化合物的"憎恨"，早在1972年前后就埋下了。

阿特金斯减肥法在初期几乎杜绝一切碳水化合物，尽管后期食谱有所改良，但不得不说没有《阿特金斯医生的新饮食革命》一书的流行，也就没有后面各种饮食法的流行，因为最近几十年的饮食法几乎都是变着花样地"设计"碳水化合物。

那么回到本节的主题，不吃碳水化合物可以瘦吗？答案是当然可以！不仅可以瘦，而且与所有流行减肥法对比，生酮饮食在开始阶段体重减掉得最快，但不要高兴太早，这里有两个关键词，一个是开始阶段，一个是体重。

第一，人体在供能阶段（消耗热量时）是由蛋白质、碳水化合物和脂肪一起参与供能的，但蛋白质供能比例最小，一般情况下只有3%左右。平时如果不运动的话，身体以贮存的脂肪为主要供能来源，碳水化合物次之，最少的是蛋白质；当运动强度增加时，碳水化合物供能比例才会增加，所以当你不吃碳水化合物以后，可参与供能的碳水化合物就减少了，脂肪就会"替补"上来，从而实现脂肪供能增加，从这方面讲，生酮饮食对于减脂是有正面作用的。

第二，当你减少碳水化合物的摄入，甚至不吃碳水化合物以后，体内糖原的储备也会减少，并且在24小时以后变得更为明显。而1克糖原的流失相应地可以导致3~4克的水分（体液）的流失，当身体一直消耗储备的糖（糖原），同时又没有新的糖原来补充时，身体水分的流失也就一直在增加。也就是说刚开始之所以会有明显的体重降低，是因为身体流失的绝大部分都是水分，而不是脂肪。这部分体重的流失，通过补充摄入碳水化合物也很容易"长"回来（24小时）。

第三，糖原的不足让脂肪分解增加，这是好的方面，但身体也会逐渐适应这种新的能量代谢方式，这也是大多数采用生酮饮食的人，从第二个月开始体重下降就会减慢的原因。这是因为在宏观上没有热量差的前提下，身体重新找到了平衡。

第四，生酮饮食是一种无法长期坚持的饮食，起码对于大部分人来说是这样的，任何极端的饮食方案我都是反对的，因为极端的方案只会带来"昙花一现"式的效果，往往无法持久，而反复的反弹不仅对身体健康有危害，还会深深地影响你的心理健康。

最后一句话总结：选择更优质的碳水化合物来源，可以尝试低碳水饮食，但不建议生酮饮食。

4.7　无糖食品可以帮助减肥吗

在恐慌于脂肪的年代，各种健康食品通过标注"低脂"或"零脂肪"传达其健康的理念，现如今碳水化合物也"含冤入狱"，与健康相关的关键词中又加入了新成员：无糖、低糖或零糖。

不了解的消费者看到"无糖"会以为这个食物就不含碳水化合物了，实则不然。无糖食品中的"无糖"指的是不含蔗糖或白砂糖这类添加糖，依据我国相关的食品标签法规的要求：如果标注低糖，那么每100毫升液体，或每100克固体，其中的糖含量必须小于等于5克；如果标注零糖或不含糖，那么每100毫升液体，或者每100克固体，其中的糖含量必须小于等于0.5克。也就是说，大家看到的产品外包装上宣称的"功能"，并不是随便写的，是必须符合相关法规要求的。当然，这里的无糖或者低糖指的是额外的添加糖（蔗糖、白砂糖），一些面包、烘焙类食品即便没有额外添加糖，但它依旧有碳水化合物。如果配料表的第一位列出的是小麦粉的话，那么食用后它在体内转化为葡萄糖从而提升血糖的速度可能比白砂糖还要快，所以针对这类食品大家一定要仔细查看营养标签。有一些低糖食品的含糖量基本上都卡在低糖的标准线附近，很多产品（尤其是饮料）的含糖量基本在4.5~4.9克这个区间，这类产品本质上与减肥并无太大关系，只是披了一个"健康"的外衣。

在日常生活中，我们接触的无糖产品更多的应该就是饮料了，在我国这类饮料一般分为两大类，一类是茶饮料，而茶饮料通常没有什么甜味，另一类则是有甜味的无糖饮料，这里面的甜味来源于代糖。

"代糖"的本质其实很好理解，其就是有糖的甜味但又没有糖的"负担"，也就是不会引起血糖的波动，因为它们本身并不是碳水化合物。目前对于代糖和无糖产品的观点褒贬不一，尤其是针对人工合成的代糖，比如阿斯巴甜、糖精等。早期一些关于代糖的研究认为代糖有助于减肥，实际上这样的实验在对照组的安排上有很多不严谨的地方，比如用蔗糖和代糖做对照组，仅从能量摄入角度来看，食用代糖组的摄入肯定会少一些，但更深层的影响没有提及。最近越来越多的研究发现，有些代糖会影响肠道菌群的状态，进而可能会引发胰岛素抵抗等相关问题。

尽管代糖对健康方面的影响还有待商榷，但是仅从减肥的角度来说代糖也并不是一个值得依赖的选择。如果你喜欢吃甜食，那么代糖可能无法真正满足你的需求：一方面目前的所有代糖都无法百分之百地还原白砂糖的味道，只能做到近似；另一方面代糖并不含有能量，但却有甜味，也就是代糖的摄入不会增加热量"负担"，但味觉上甜的感受可能会让你味蕾大开从而摄入更多的食物，还有可能正是因为减少了热量摄入导致饱腹感降低，那么增加的饥饿感可能会导致暴饮暴食。

所以对于这类代糖食品，我有以下两点建议。

- 偶尔喝一些无糖或者含有代糖的饮料是没有问题的，但不要经常喝。

● 代糖与减肥之间仅有相关性，并无因果性，也就是说很多健身人群在喝代糖，但他们保持身材的秘密并不是因为代糖。

4.8 可以尝试一下地中海饮食结构

很多人一想到地中海饮食就是红酒、橄榄油、牛排，其实这都是误解。当然，地中海饮食的流行着实让橄榄油和红酒"火"了一把，但这并不是地中海饮食的精髓，因为没有橄榄油和红酒，同样可以构建地中海饮食结构。要清楚，我们剖析任意一个饮食法时，重点不是剖析菜谱，而是需要知道它的营养结构，换句话说，地中海饮食法不是非要吃西餐，中餐也可以。

地中海饮食本质上指的是地中海沿岸的个别地区的饮食结构。实际上，你可以把它看为一种非现代化的"穷人饮食"，并且从某种角度来说，地中海饮食的营养结构和我国的居民膳食金字塔十分类似。下面就来介绍一下地中海饮食结构的特点（其中删除了酒的部分）。

蛋白质

地中海饮食结构中，蛋白质的来源主要是肉，但在肉的种类中红肉占比很少，更多的是白肉，也就是猪肉、羊肉、牛肉占比较少，而鸡肉、鱼肉（尤其是深海鱼）、虾和贝壳等占比较多。关于这一点，很可能是地中海沿岸的某些地区红肉摄取不方便所致。不过从健康角度来说，红肉的摄取确实不宜过多。当然蛋白质的来源还有禽蛋类、牛奶和奶制品（如奶酪）等。

我们这里说的红肉，参考世界卫生组织的说法，指的是猪肉、牛肉和羊肉等哺乳动物的肉。目前有些观点认为，减少红肉的摄入似乎对健康是有利的，红肉也被列为2A类致癌物。致癌物等级分类1、2A、2B、3、4，是按照致癌风险给予的分类。但是，你大可不必因此而恐慌，红肉被列为2A类更详细的含义是，它对人类致癌性证据有限，对实验动物致癌性证据充分。同样属于2A类致癌物的还有65℃的开水。实际上，红肉在动物实验中的致癌性证据也并不充分，在致癌原理上也尚未得到统一的结论，只是在一些流行病学的调查上显示出了红肉和癌症可能有一定相关性。

脂肪酸

其实，减少红肉摄入还有一个可能的好处就是饱和脂肪酸摄入的减少。我们平时摄入的饱和脂肪酸主要来源于陆生动物，例如猪、牛、羊等，而鱼、虾、贝壳类等则富含不饱和脂肪酸，尤其是多不饱和脂肪酸，而控制饱和脂肪酸的摄入被认为是有利于心脏健康的。地中海饮食营养结构中的脂肪酸来源除了肉类外，还有植物油，比如大家熟知的橄榄油。如果你不习惯吃橄榄油，还可以选择富含亚油酸和亚麻酸的其他植物油，例如玉米油、葵花籽油、大豆油、芝麻油、花生油、棉籽油、胡桃油、亚麻籽油、黑加仑籽油等。

同时地中海饮食营养结构中还有坚果类食品，它们除了可以提供丰富的不饱和脂肪酸外，还可以提供膳食纤维、维生素和矿物质等微量营养素。

碳水化合物

地中海饮食营养结构中，碳水化合物的来源可以用一个字就概括——糙。这里的糙指的是粗加工，关于粗加工和精加工的讨论在前面已经讲过，粗加工工艺可以最大限度地保留食物的营养成分，从而让粗加工食物富含优质的膳食纤维。我们平时吃的谷物类制品、豆制品以及一些蔬菜，都可以提供优质的碳水化合物，同时由于纤维含量的增加，使得整体的饮食更倾向于中低GI（升糖指数），可以说地中海饮食营养结构中是见不到什么精加工食品以及额外的添加糖的。

膳食纤维

人们曾经对于膳食纤维的重视程度很低，甚至认为它不是营养素，因为人体内没有能够分解膳食纤维的酶，后来随着学术界对膳食纤维的认知加深，发现它在食物的消化、吸收以及肠胃功能中都起着十分重要的作用。我国居民膳食指南建议的纤维摄入量差不多在30克，如果采用地中海饮食营养结构，食物来源是粗加工的谷物、豆类、坚果、蔬菜、少量水果，那么你的整体饮食中膳食纤维的摄入量也会非常充足。

微量营养素

地中海饮食营养结构中，微量营养素（维生素和矿物质）的来源也是丰富的，其实这一点很好理解，食物来源越单一，精加工程度越高，烹饪时间越久、越复杂，营养素流失就越严重，而地中海饮食则没有上述问题。地中海饮食结构食物来源丰富，比如每周增加一两次鱼、虾、贝壳类食物的摄入，则脂溶性维生素和一些矿物质就可以得到补充，同时地中海饮食结构中还会加入一些牛奶等奶制品，从而增加了钙的补充，大量的蔬菜和少量的水果也增加了维生素（主要是水溶性维生素）的摄入，坚果类食物除了富含纤维和脂肪酸外，还富含矿物质。

4.9　为什么不推荐禁食

很多人尤其是女生会选择"绝食"或者禁食，也就是强迫自己不吃饭来减肥，这是一种看似十分好执行的减肥方案，但实际情况如何？让我们简单分析一下。

第一，在禁食初期由于食物摄入减少，胰岛素水平会下降，随着禁食时间增长，血糖浓度开始逐渐低于生理浓度，这会使胰高血糖素的释放增加，它的作用是刺激肝脏分解储存在其中的肝糖原，从而维持血糖的基本生理浓度。而骨骼肌中虽然有肌糖原，但由于肌细胞中缺少相应的酶，胰高血糖素是无法利用肌糖原产生葡萄糖的，但它可以促进氨基酸和乳酸这些非糖类物质的糖异生来协助肝脏产生葡萄糖。当然，胰高血糖素也可以刺激脂肪酸的氧化分解，增加脂肪的利用。

第二，"脂肪利用增加"虽然听起来振奋人心，但在达到这个状态前，你需要面临的是强烈的饥饿感，大脑会发出各种信号和激素从而增强你的食欲，毕竟食物是生存的根本，在这些信号的刺激下，你的嗅觉会变得十分敏锐，视觉联想的效果也会大大加强，例如，看到美食的图片都会增加你对食物的渴望。

第三，如果你足够坚强，可能会禁食或者坚持极低热量饮食2~3天，这时机体的糖原已经消耗殆尽，为了持续给生存提供能量，身体开始分解脂肪，你的组织蛋白比如肌肉也会被分解（释放游离氨基酸）。而在热量极度受限的情况下往往会让基础代谢下降，就像你的手机没有及时充电时，系统为了优化性能而关闭了某些功能，从而进入一种省电模式一般，身体也会降低所有可以减少的额外能量消耗，例如，让例假暂时不来，从而降低整体的能量代谢，而这个过程基本上只需2天左右。

第四，除非你是被迫囚禁，否则极少有人可以坚持禁食，对抗饥饿本质就是对抗本能，所以禁食好开始，但不好坚持，等到坚持不住的时候，也就是食欲大爆发的时候，这时你往往会控制不住地摄入比你所需多得多的热量，同时由于身体处于饥饿阶段太久，面对突如其来的热量补给，身体更倾向于把能量以脂肪的形式加以储存，短时间内（24小时）糖原的超量补充，会让你的体重马上反弹，还记得我们说的糖原结合水的功能吧？

第五，不仅如此，由于代谢率的下降，"长胖"的能力提高了，而"分解脂肪"的能力却降低了，同时禁食也会影响你的情绪，你可能会变得情绪激动或者易怒，所有这些"原始性"的表现其实都是为了争夺食物资源而演化出来的，这在某种程度上说是完全"合理"的。

综上所述，我是坚决反对禁食的。同时也建议大家如果在十分饥饿的时候进餐，尝试先冷静一下，进食的速度也可以适当放慢一些，因为过于饥饿会让你高估自己的饭量，点餐的时候容易点多，也会让你"狼吞虎咽"，这样不仅对肠胃不友好，也容易导致摄入过多的食物，并且还不容易感觉到饱腹感。通常在过于饥饿的状态下进食时，当你感觉饱的时候，往往已经吃撑了。

4.10　雷区：女运动员三联征

女运动员三联征是一种多发于经常运动女性中的症候群，这里面的三联征指膳食紊乱、闭经和骨质疏松。在日常生活中类似三联征的问题通常出现在减肥的女性当中。

减肥的女性为了增加热量消耗，通常会安排过量的运动并会严苛地限制饮食，这种降低能量摄入和增加能量输出的方式越极端，越会影响女性的激素分泌，例如，会影响垂体促性腺激素的分泌，从而影响到卵巢的激素分泌，最终导致月经周期紊乱，甚至闭经（继发性闭经）。

当然，除了运动过量之外，更多人的问题源于饮食不规律、禁食、极低热量饮食等，总之不良的饮食结构会导致营养失衡，从而引发了内分泌问题，再进一步会导致骨质疏松等一系列问题，由于它们之间有明确的相关性，所以称之为三联征。

月经周期的稳定和身体脂肪含量有着很重要的关系，有研究表明维持正常月经周期的体脂肪临界值在17%左右，正常情况下需要体脂肪的比例在22%左右。如果能量摄入过低，身体会认为这不是一个有利于受孕的环境，从而"调整"了月经周期（卵巢停止排卵）。从人类进化的角度来讲，这其实是很"合理"的，因为如果女性在食物资源短缺的情况下依旧可以孕育，那么流产的概率则会大大增加，进而人类种族的延续也将面临严峻的挑战。

不良饮食和运动量导致月经周期紊乱的例子屡见不鲜，众多女性为此苦恼不已，这其中的关键就在于减肥者把自己减脂的意志强加给身体，而这些"意志"往往是与身体的原本机能相违背的，可以说，身体的反馈不管是"好的"还是"坏的"，但都不是"错的"。身体不过是一个"因果"的"机器"，如果非要论对错，那做错的一定是指导身体的人。

俗话说一口吃不成胖子，在减脂、塑形的时候也不要采取极端的饮食和训练方法，应该循序渐进地来，给身体一个缓冲的过程。

4.11 女性可能需要额外补充的营养素

生理结构上男女有别，这也是本书开始就讨论的内容，其实在运动的营养支持上男女也会有一些区别，接下来将从两部分展开说明：一是从整体角度给出女性膳食营养的建议；二是针对女性素食者的膳食营养建议。

女性的整体营养补充建议

营养关键词：碳水化合物和蛋白质

对于运动员来说，尤其是耐力型运动员，碳水化合物的建议量为一天总热量的55%~70%，这将近15%的差异取决于不同的运动强度和运动时长。比如你去参与一次100千米的山地骑行，或者是马拉松长跑，那么增加碳水化合物摄入从而储备好肌糖原是一件必要的事情。所以，碳水化合物的摄入量应该依据自己的运动强度来安排，如果只是进行30分钟以内的抗阻训练，并不用额外增加碳水化合物的摄入量，同时碳水化合物的类型选择，建议中低GI的碳水化合物应该占总碳水化合物摄入量的50%。如果进行较高强度且运动时间较长的运动，可以提前一天额外补充碳水化合物，对于普通人群来说，可以增加一些高GI的碳水化合物。当然，如果你的目标是减肥和塑形，则可以继续维持中低GI碳水化合物的饮食计划。

对于耐力项目的运动员来说，蛋白质的建议量是每千克体重1.2~1.4克，力量项目的运动员可以增加到每千克体重1.4~1.8克。普通健身爱好者可以按照每千克体重1.5克的量去摄入。如果长期不训练，可以按照每千克0.8~1.0克的量去摄入。

营养关键词：铁

铁是一种微量元素，女性相对更容易出现缺铁的情况。一方面，女性的饮食习惯通常较男性更为清淡，比如红肉吃得较少；另一方面，中青年女性有月经周期，月经期平均有30~60毫升的血液流失，这会导致15~30毫克的铁丢失，所以补充铁对于女性来说尤为重要。建议在饮食中适度地增加一些含铁的食物，比如红肉和绿叶蔬菜等，同时在补充植物性铁元素时，还需注意增加维生素C的摄入，它可以促进铁元素的吸收。

素食者的膳食营养建议

注意：这里并不做任何吃素的建议，吃素与否只是个人选择，目前并无绝对、统一的科学证据可以支持吃素绝对健康，或者吃肉绝对健康，这里仅从饮食营养角度给出建议。

素食者整体分类比较复杂，一般可分为蛋奶素和全素两种。

蛋奶素是指吃鸡蛋和牛奶，但是不吃肉的素食者。全素是指，不吃任何动物性蛋白质，包括鸡蛋和牛奶，相比全素来说，蛋奶素在饮食结构上更安全一些。

营养关键词：维生素B$_{12}$

全素食者的饮食结构的主要问题体现在维生素B$_{12}$的摄入上。维生素B$_{12}$又叫钴胺素，是一种含金属元素的维生素（也是目前已知唯一一种含金属元素的维生素），而植物性来源的食物中基本不含维生素B$_{12}$，所以全素食者往往容易出现维生素B$_{12}$缺乏的情况。

维生素B$_{12}$的主要生理功能是参与制造骨髓红细胞，防止恶性贫血、防止大脑神经受到破坏，血清中维生素B$_{12}$缺乏的人有可能会出现手脚麻木、针刺感、虚弱和疲劳等症状。全素食者可以通过摄入藻类、海带、发酵的豆制品等来补充维生素B$_{12}$，不过比较保险的方式是通过直接摄入维生素B$_{12}$补剂（几元钱一瓶）来补充。因为植物性来源的维生素B$_{12}$通常活性较低，甚至有研究认为其没有活性。相比之下，蛋奶素食者由于摄入了牛奶和鸡蛋，所以不会出现维生素B$_{12}$缺乏的情况。

营养关键词：铁

无论是蛋奶素食者，还是全素食者，面临的主要问题是如何提升铁的利用率。例如，对于非素食者来说大部分营养师的建议是通过增加红肉的摄入来提升铁的摄入，虽然红肉中铁的含量并不能算很高，但是，动物性来源的铁相比植物性来源的铁的利用率会更高。

植物性来源的铁通常是三价铁或是非血红素铁，它们的吸收率较低，大约为2%~10%。而动物性食物来源中的铁通常是二价铁或血红素铁，其吸收率为10%~35%。比较稳妥的铁补充方式是直接增加铁补剂的摄入，或者吃一些强化铁的食物。另外还需注意的是，增加含铁植物摄入的同时，要注意维生素C的补充，这样也有助于铁的吸收和利用。

营养关键词：锌

锌元素对人体的运转极其重要，比如它是多种酶的辅助因子，在能量代谢中起到重要的催化作用，也是蛋白质合成过程中必需的营养素，同时还是胰岛素分子的重要组成部分。运动有可能导致锌元素的短暂性缺乏。

蛋奶素食者不用过于担心锌元素缺乏，因为奶和奶制品当中都含有锌。实际上，粗加工的食品比如全麦、全谷食品中也含有锌。但同时却存在另一个问题，素食者摄入的全谷食物较多，而全谷食物中含有较多的肌醇六磷酸盐（植酸盐）和膳食纤维，这些成分又会降低锌的利用率。

建议全素食者可以通过增加一些小麦胚芽和豆类的摄入来补充锌元素，运动强度较大的素食者，可以考虑直接摄入锌元素补剂。

营养关键词：钙

蛋奶素食者不用太过于担心钙摄入量的问题，因为牛奶是补充钙的最佳来源。而全素食者在补充钙方面会出现和铁、锌类似的问题，比如钙的吸收有可能被饮食中的植酸、草酸以及膳食纤维所影响。对于素食者来说，植酸通常出现在全谷物食品和麦片中，而草酸通常存在于菠菜等绿叶菜中，适度的烹饪方式可以降低草酸的含量，但依然会在一定程度上降低钙的吸收利用率。

对于素食者（尤其是全素食者）补充钙来说，绿叶菜会影响钙的吸收利用，但是十字花科的蔬菜则影响不大，同时它们中有些本身也含有钙，比如紫甘蓝（羽衣甘蓝）、芥菜（盖菜）等。同时，很多面粉、面包中会添加强化钙，也可通过食用它们提高钙的摄入量。除此之外，也可以直接补充含钙的补剂。还需要注意的是，全素食者往往也会出现维生素D的缺乏，应该适度地增加日照时间（维生素D可以通过日照合成），而蛋奶素食者不用担心维生素D的问题，因为蛋黄中就含有维生素D。

营养关键词：蛋白质

其实无论是全素食者，还是蛋奶素食者，都不大可能缺少蛋白质。本质上，我们需要的是组成蛋白质的氨基酸。人体无法直接利用食物中的蛋白质，必须通过消化系统把它们分解成小分子的氨基酸才能实现利用，可以说，我们需要的只是氨基酸。

提到蛋白质我们优先想到的可能就是鸡蛋、牛奶和肉，其实这个理解是有偏差的，当然上述这些都是优质的蛋白质来源。要解释什么是"优质"的蛋白质，需要先从氨基酸的分类说起。正常人体所需的氨基酸可划分为两类，一类叫作必需氨基酸，另一类叫作非必需氨基酸。必需氨基酸是指人体所必需的，但人体无法自身合成或者合成含量不足，必须从食物中摄入的氨基酸；而非必需氨基酸是指人体所必需的，但人体可以自身合成，并不是必须从食物中摄入的氨基酸。一定要理解，非必需氨基酸并不意味着它不重要，只是摄取途径比较容易。而必需氨基酸则体现着一个食物的蛋白质价值，越是优质的蛋白质，其必需氨基酸的含量也越多。

基于此就可以很好地理解植物蛋白中存在的问题就是必需氨基酸含量不高，或者配比不够齐全，例如缺少一种或者几种必需氨基酸，而动物蛋白中必需氨基酸含量和配比都是相对理想的。那么，素食者想要摄取齐全的氨基酸，可以依据植物蛋白质氨基酸互补原则将其补齐，也就是你缺少哪种必需氨基酸，那就摄入富含这种氨基酸的植物蛋白质将它补齐。

那么，人体的必需氨基酸有哪些呢？人体的必需氨基酸包括8种，它们分别是亮氨酸、异亮氨酸、缬氨酸（前述3种又可以统称为"支链氨基酸"，英文缩写为BCAA，是非常常见的一种运动补剂）、苏氨酸、色氨酸、苯丙氨酸、蛋氨酸和赖氨酸。对于婴儿来说还有一个必需氨基酸是组氨酸，但对于成年人来说，必需氨基酸只有这8种。讲了这么多，你可能会疑惑："这么复杂，我具体该如何操作呢？"

对于会摄入鸡蛋和牛奶的蛋奶素食者来说，这两种食物中的必需氨基酸很充足，特别是鸡蛋，它的氨基酸种类与数量配比与人体很接近，因此，蛋奶的摄入就可以提高摄入的植物蛋白的利用率。

对于全素食者来说，为了达到氨基酸种类齐全，建议在一餐当中同时摄入谷物、豆类和坚果，它们当中的必需氨基酸的数量配比就可以实现补齐，从而提升蛋白质的利用率。

第**5**章

Chapter ...

训练篇

如果你是直接跳过前面的章节而翻到本章，"着急"开始训练的话，我的建议是，不要着急。前面的 4 章，更多强调的是"心"的部分，你要先更多地了解自己，然后才是用"身"（身体）去运动。身体不是满足意志的工具和手段，我们要时刻提醒自己建立和巩固身心连接，这才是通过健身让生活更充实、幸福的正确路径。

本章针对身体的每个部位都安排了适用于居家的、由易到难的多种动作。在练习每个动作时，务必详细查看动作讲解和注意事项。一个我自己至今仍在采用的动作练习方法，也是目前可能最有效地帮助你避免动作错误、更快掌握运动模式的方法，就是给自己的动作拍视频，然后与我的演示图片进行比较。当你能真正"看到"自己的动作时，也就能真正发现自己的问题，进而带来进步。有策略地练习和精进，也是建立和巩固身心连接的关键。

5.1 准备阶段

由下到上地确认身体的每个部位

不论是站立训练，还是坐、卧姿的训练，开始发力做动作之前，一定要确认身体是否处于最佳的姿态，我们需要由下到上地确认每个部位，这一点非常重要。例如，很多人做下蹲动作之前，双脚没有站在一条线上，那么髋关节（骨盆）的位置就是"歪"的，从而导致上方的脊柱也可能向一侧弯曲。而在执行动作过程中，脊柱一旦发生侧弯，无论曲度大小，肌肉都不再可能实现平衡受力，还有可能对支撑关节产生额外的、不必要的剪切力。想想看，仅仅是双脚在下蹲的时候没有站在一条线上，就有可能产生这样的影响，确认整个身体的姿态又是何等的重要啊！这种对细节的重视，可以避免身体在训练中产生各种体态问题，甚至可以在一定程度上帮助改善体态。

∞ 脚 ∞

训练前的动作调整应该从脚开始，无论是站姿还是坐姿，你都需要优先确认脚的两个细节。

第一个细节：确保双脚站在一条线上（针对非单腿站立的动作）。连接脚和小腿的是踝关节，踝关节上面是膝关节，连接髋关节和膝关节的是大腿骨，如果双脚没有站在一条线上，就会使得从小腿到膝关节一直到髋关节都是歪斜的，从而影响上半身的平衡。

第二个细节：确保双脚的外展角度（脚尖打开的角度）一致。每个人在站立的时候两只脚打开的角度是有差别的，比如有人左脚外八多一些，右脚外八则小一些，但在训练的时候，我们要求你双脚打开的角度必须是一致的。

可能出现的疑惑——关于站距

双脚的站距和具体动作相关，我们会在动作描述的细节中说明双脚站距（如果该动作需要的话）。

∞ 膝关节 ∞

运动中，当你做膝关节的屈、伸时，要确保膝关节的运动方向与脚尖方向一致（大概指向第2、3脚趾方向）。同时，需要保证膝关节在运动过程中尽量保持稳定，如果在下肢参与的动作中出现膝关节无法控制的晃动，你可以降低这个动作的难度，比如速度减慢，让自己有时间集中注意力在控制肌肉上或者缩短动作幅度，这都有助于避免可能出现的运动损伤。

关于膝关节，本书中会不厌其烦地重复"稳定性"这3个字，因为膝关节几乎是最容易受伤的部位了。平时我们站立、走路、跑步、跳跃等所有下肢参与的动作都与膝关节有着紧密的联系，而运动中大部分膝关节的伤病都是由于膝关节的不稳定造成的，这一点通过加强主观意识的控制是可以避免的。

人的膝关节的结构类型是铰链关节，铰链关节的特点是只能在一个平面运动。例如，我们的膝关节只能在一个平面内做屈伸的动作。膝关节上部由人体最大的一块长骨——股骨构成，下部链接的是胫骨和腓骨。人体为了实现膝关节只能在一个平面内屈伸的稳定性，做了很多保障"设计"。例如，股骨和腓骨连接部分的软骨由关节囊紧密包裹着，关节囊内形成了一个真空的负压状态，从而保证了两端骨骼的吻合。同时，为了防止膝关节的扭转，关节囊内部还有两个交叉相连的韧带，叫作十字韧带。在膝关节正面的是髌骨和髌骨韧带，它们保证了膝关节在伸的过程中不会超过180°，同时膝关节两侧也有韧带相连，这些都保证了膝关节在一个面上屈伸时的稳定性，腿部强健的肌肉则会加强膝关节的稳定性。

绝大多数运动导致的膝关节伤病，都是由于其稳定性被破坏。即便是腿部肌肉发达的职业运动员，也极有可能在对抗性强的项目中不小心伤到膝关节。在日常生活中，在健身房内经常见到的"伤膝行为"多发生于负重过程中膝关节的扭转。尽管偶尔一次、两次的非正常扭转造成伤病的可能性不大，但是如果稳定性问题不引起重视的话，伤病的出现只是时间早晚问题。

∞ 躯干和骨盆 ∞

在层层肌肉包裹下的是躯干运动的"核心部件"——脊柱，脊柱连接着我们的头部和骨盆，得益于脊柱的灵活性，躯干可以完成向前屈、向后伸、向身体一侧屈的运动，同时也能以身体中线为轴做回旋运动。整个脊柱由26块椎骨构成，整体分为5段，分别是颈部（7块），胸部（12块），腰部（5块），以及骶骨（骨化为1体）和尾骨（骨化为1体），其中骶骨和尾骨关节连接紧密，且不能做大幅度的运动。

在运动中经常被强调的"脊柱中立位"，指的是脊柱的正常生理曲度，按照脊柱分段来看，颈椎呈前凸，胸椎呈后凸，腰椎呈前凸，而骶骨和尾骨则呈后凸。处于中立位的脊柱，从侧面看类似一个S形，从背面看脊柱无侧弯，同时脊柱"每一段"都在生理曲度内。

那么什么是脊柱不在中立位呢？生活中常见的驼背就是颈椎和胸椎的生理曲度不正常

的外观体现。例如，圆肩驼背的人通常表现为头前伸过多，那么他的颈椎前凸就过多。人体的骨骼、肌肉和韧带是一个整体，当一个部位过于紧张后，就会引起其他部位不正常的代偿发力。当头部前伸使得颈椎前凸增加时，胸椎的后凸也会增加，颈椎与胸椎相连，它们之间必然会相互影响。例如，你现在就可以尝试一下驼背的体态，你会发现胸椎弯曲增加后，颈椎将很难维持正常的曲度。并且骨与骨之间的关节、韧带以及附着在骨骼上的肌肉都会因为这样不正常的曲度而产生适应性的改变。如果在驼背的状态下做负重训练，那么腰椎则会出现更大程度的代偿发力，久而久之就会增加伤病的风险，所以调整身体姿态，在运动中时刻保持脊柱中立位是一件非常重要的事。

由于脊柱和骨盆相连，在运动中保持骨盆处于"中立位"也同等重要，也就是不过度前倾也不过度后倾。我们可以把骨盆想象成一个实体的盛满水的盆，当我们转动骨盆，让盆中的水从身体前侧倾倒出时，骨盆的运动就是前倾，反之，当转动骨盆，水从身体后侧倾倒出时，则完成了骨盆后倾的动作。

可能出现的疑惑

有的人会有习惯性的骨盆前倾，会表现为所谓的"假性翘臀"，这种体态通常会伴有小腹隆起，后腰尾骨和腰椎连接处的疼痛等问题。

小腹隆起主要是腹部力量不够而导致的结果，而处于骨盆过度前倾的姿势下，腹部也难以发力（止点位置靠近膀胱处）。而腰痛则是由于骨盆过度前倾，使得腰椎和尾骨曲度不正常，从而让下背部尤其是竖脊肌肌群过度紧张造成的。对于此类人群，应该有意识地向后倾调整骨盆，也可以做本书中介绍的关于腹部的核心训练（注意呼吸）。

5.2 上肢训练篇——学会俯卧撑

从站立开始

站姿动作的掌握是学习其他动作的基础，比如我们接下来学习的很多动作都是由易到难逐渐进阶的。"易"，就是从站姿动作的学习开始，即完成站姿的热身、动态拉伸和静态拉伸。站姿动作的练习除了对初学者很友好外，还有助于改善运动过程中的不平衡问题。

你可能会问，女生有必要练习俯卧撑吗？我想要的只是瘦腿、瘦腰、翘臀啊！其实答案很简单，形体的改善是整体的变化，而不是专注于局部就可以收获满意效果的，那么整体形体的改善就离不开针对胸部肌群的练习。

01 扶墙臂屈伸

🚩 **名词解释：臂屈伸**

　　臂为手臂，包含大臂和小臂；屈伸的含义是屈曲（可以理解为弯曲）和伸直（对应关节：肘关节）。

　　可以锻炼到的肌肉：胸大肌、肱三头肌、三角肌和核心肌群。肱三头肌位于大臂后侧，也是"拜拜肉"所在区域。这是一个肘关节和肩关节都参与的复合动作，在运动过程中还需要核心肌群参与维持身体稳定。

动作步骤

❶ 找一面承重墙（实体墙），双手自然前伸扶住墙体，整个手臂与地面平行，双手间距略宽于肩宽（图a）。注意，距离墙体越远，运动过程中的阻力越大，难度也就越大；在训练时可依据个人训练强度调整和选择身体与墙体的距离；吸气同时进入步骤2。

❷ 重心逐渐移向墙体，弯曲肘关节至小臂贴在墙体上，弯曲过程中保持两个小臂尽量平行，避免肘关节向内夹或外撑。肘关节弯曲过程中身体逐渐贴近墙体，在此过程中要脊柱保持中立位，核心收紧，臀收紧。靠近墙体的过程不易过快，最好保持在3秒左右（图b）。

❸ 双臂平衡发力，发力瞬间可能会有短暂的憋气，然后吐气，同时胳膊由弯曲到伸直。

难度：★

ⓐ

ⓑ

> **训练建议**
>
> 　　可作为热身动作，也可以在自由组合训练中，用作休息动作进行衔接。
>
> 　　强度建议：每组10~20次，完成4~5组。

02 扶墙臂屈伸变式 _____

　　上一个动作锻炼到了胸大肌、肱三头肌、三角肌（肩部）和核心肌群，而这个变式动作会更侧重肱三头肌，如果想让手臂更紧实，减少"拜拜肉"，同时又想提升肱三头肌的功能性，可以尝试练习这个动作。因为大部分人在日常生活中很少用到肱三头肌，所以刚开始练习时会觉得比较吃力。

动作步骤

1 双手分开与肩同宽，小臂贴在墙体上，并且尽量保持小臂互相平行（图a）。注意，距离墙体越远，运动过程中的阻力越大，难度也就越大；在训练时可依据个人训练强度选择和调整身体与墙体的距离。

2 以手掌为支撑点，大臂向墙体方向发力推起，推至肘关节伸直，此时整个手臂与地面基本平行，运动中尽量保持小臂之间相互平行（图b~c）。注意，胳膊伸直和弯曲过程中，一定要慢，努力保持关节的稳定性，如果完成不了就不要勉强自己。

难度：★✦

ⓐ

ⓑ

训练建议

　　在肘关节和肩关节进行一定程度的活动后，可将此动作安排为热身动作，也可以在自由组合训练中，用作休息动作进行衔接。

　　强度建议：每组10~20次，完成4~5组。

Ⓒ

03 扶墙臂屈伸－推离墙体

训练目的：增加了部分爆发力的训练，增加了阻力和难度。

变化动作：两种做法，一种着重于胸部、肩部、手臂的训练，一种着重于肱三头肌。

动作步骤

当扶墙臂屈伸动作练熟以后，可以尝试扶墙臂屈伸－推离墙体，也就是手臂从弯曲到伸直的过程中，增加一些爆发力。

❶ 面对墙体，与常规扶墙臂屈伸一样，反复尝试几次找出最舒服的距离（身体与墙体的距离）。

💝 **小贴士**：先尝试离墙体近一些。注意，距离墙体越远，你做这个动作时克服的阻力也就越大，难度也就越大，所以建议每次先不要着急做动作，而是选择好身体与墙体最适宜的距离。

❷ 准备开始，双手分开基本与肩同宽，手臂基本与墙体垂直（图a），吸气同时弯曲肘关节至接近90°，身体逐渐靠近墙体（图b）。

❸ 然后吐气的同时用力推离墙体（爆发式起离），将身体推到正常站立位，发力的瞬间你可能会有短暂的憋气。

难度：★★

ⓐ

ⓑ

注意事项

　　1. 注意热身。在训练前要进行适度的拉伸和活动腕关节。

　　2. 在使用爆发力推墙体的时候，整个手掌需均匀承力，很多人发力时只习惯用到手掌外侧，这样很容易伤到腕关节。

　　3. 有腕管综合征的人不适合做这个动作。

　　4. 有腕部腱鞘囊肿的人不适合做这个动作，若要训练，需要咨询专业医生。

　　5. 增加爆发力后，还需要注意身体左右的平衡。

训练建议

　　爆发力增加有可能让你忽视关节的稳定性，所以这个动作不适合安排为热身动作，可以在自由组合训练中，用作休息动作进行衔接。

　　强度建议：每组10~20次，完成4~5组。

降低难度的俯卧撑

　　即便对于男性来说，完成一个标准的俯卧撑也是一项极具挑战的事情，不仅需要练习者拥有不错的上肢力量，同时还需具备较强的核心稳定能力。因此对于很多女生来说，完成一个标准的俯卧撑是非常难的。如果你目前也处于这个阶段，那么可以依据本书安排的动作顺序依次练习，从而逐渐提升上肢力量。比如在此之前的动作，有助于提升三角肌的力量，从而更好地稳定肩关节，同时锻炼到的肱三头肌和胸大肌也是俯卧撑这个动作中参与度很高的肌群。

　　在选择之前的动作进行训练时，增加上半身倾斜的角度，为标准俯卧撑做准备。

04 高位俯卧撑 _____

动作步骤

❶ 找一个可以稳定支撑住身体重量的物体，比如床、桌子、固定高度的台阶，或者健身专用的台阶（跳箱），不建议使用椅子，因为可能出现在运动过程中由于支点不稳定而跌倒的状况。双臂平行撑在台阶上，保持身体在一条直线上（图a）。

❷ 按照扶墙臂屈伸的动作要求，在支撑物上完成一个臂屈伸（图b），可以采用以肱三头肌为主的训练方式，也可以采用以胸大肌为主的训练方式。

难度：★★

ⓐ

ⓑ

注意事项

1. 支撑物的高度40~70cm，开始可选择高些的支撑物，使自己顺利完成动作，随着运动水平提升可尝试更低高度。

2. 确保双脚脚掌在同一平面上，俯卧状态下可以低头确认自己脚的位置是否对称位于身体中心线两侧。

3. 脊柱处于中立位，核心与臀部收紧，俯卧位的动作几乎都需要核心肌群的参与。

4. 在肘关节屈伸过程中注意呼吸，不要过多地憋气。

5. 如果无法标准地完成该动作，尤其是关节（肘关节、肩关节）稳定性不足的时候，不要勉强自己，随着基础练习的增加，日后肯定可以完成该动作。

6. 有腕管综合征和腕部腱鞘囊肿的人完成这个动作可能会引起不适，若要训练，需要咨询专业医生。

训练建议

当你的训练水平提升以后，这个动作适合当热身来练，也可以在自由组合训练中，用作休息动作进行衔接。

练习动作阶段，每组10~20次，完成4~5组。

05 跪式俯卧撑 _____

动作步骤

❶ 准备一个瑜伽垫，俯卧位跪在瑜伽垫上，手臂伸直，调整身体位置，使得躯干和大腿位于一条直线上，并且保证肩关节在手的正上方，保持核心收紧，臀部收紧，此时依靠膝盖和手臂支撑身体（图a）。

难度：★ ★ ★

ⓐ

ⓑ

ⓒ

💚 **小贴士**：*注意肩胛骨不要过多地向后"隆起"，也就是所谓的夹住肩胛骨，出现这种情况，大多是由于你的前锯肌发力不足导致的。调整一下，先吸气，然后吐气的同时手臂推离地面发力，把肩胛骨向两侧展开，感受胸部外侧持续发力，全程要尽量稳定住肩胛骨这种"展开"的位置。*

❷ 吸气的同时屈臂（弯曲肘关节），肘关节朝向身体斜后45°方向运动，保持小臂与地面垂直。身体逐渐靠近瑜伽垫，下落至躯干接近与地面平行（图b~c）。具体幅度还与你的运动水平相关：下落幅度越大，难度越大，可以根据自己的情况酌情调整。

❸ 发力将手臂（肘关节）逐渐伸直，同时慢慢地吐气，推起至起始的位置。

注意事项

1. 在下落过程中小臂须尽量与地面垂直。如果腕关节没有事先活动充分，或者腕关节活动范围本身就受限，可能导致练习过程中腕关节出现不适，此时可以考虑使用俯卧撑手腕支架。

2. 肘关节靠近身体越多，难度会增加，因为这个时候肱三头肌参与更多，而通常肱三头肌的力量会较弱。

3. 如果发力阶段出现习惯性的憋气，也不必过于苦恼，每次重复前先调整好呼吸节奏就可以。

4. 有腕管综合征和腕部腱鞘囊肿的人做这个动作可能会引起不适，若要训练，需要咨询专业医生。

训练建议

学习阶段，每组3~8次，完成3~5组，在动作准确的前提下，可以按照自己的能力进行相应的强度提升。

一般来说这个动作应该安排在一次训练的核心部分，此时是你的神经兴奋度最好、体能状态最佳的时期。接下来的几个动作都是与标准俯卧撑相关的练习，可以循序渐进地尝试。

小目标：在开始"跪式俯卧撑"之前，可以尝试一下自己是否可以坚持完成10秒的四点支撑。

06 静力训练：四点支撑

🚩 名词解释：静力训练

　　顾名思义就是相对静止的训练，比如扎马步就是静力训练，此时肌肉的长度没有发生变化，同时对抗一定的阻力保持收缩状态。

　　训练目的：增强肩部和核心肌群的稳定性。

　　动作要领：四点支撑就是俯卧撑动作的起始状态。肘关节伸直，手臂与地面垂直，也就是肩部在手的正上方，同时双脚微微打开，与髋同宽，此时支撑身体的是双手和双脚。核心收紧、臀部收紧，躯干与腿在一条直线上，骨盆没有过度前倾也没有过度

难度：★

后倾，同时可以进行顺利的呼吸。如果能完成上述几点，并且可以坚持10秒以上，那么恭喜你，你离完成标准的俯卧撑又近了一步。

注意事项

　　1. 有腕管综合征和腕部腱鞘囊肿的人做这个动作可能会引起不适，若要训练，需要咨询专业医生。

　　2. 若存在骨盆前倾导致的腹直肌无力等问题时，在没有调整好骨盆位置之前不适合做这个动作。

　　3. 这个动作看似简单，却是所有俯卧位动作的基础，对于学习后面的支撑练习（扶墙正提膝、扶墙侧提膝）有着重要的意义。

训练建议

　　强度建议：每组10~30秒，完成3~5组。训练过程中如果出现关节不稳定的晃动，需要延长组间歇的时间，或者等到以后你的运动能力提升后再安排此动作。另外，当你熟练掌握这个过渡动作的练习以后，就不需要把它安排为一个独立动作进行练习了。

07 静力训练：平板支撑

动作要领：屈肘后小臂触地，大臂基本与地面垂直，双脚微微打开，与髋同宽，此时支撑身体的是小臂和双脚。核心收紧、臀部收紧，躯干与腿在一条直线上，骨盆没有过度前倾也没有过度后倾。平板支撑和四点支撑本质差别不大，只不过我们传统意义上认为的平板支撑是屈肘完成的，而四点支撑时手臂是伸直的。当手臂伸直后，肱三头肌会更多地参与进来。而平板支撑由于身体倾斜角度减小，核心负重就会增加，因此对核心肌群的锻炼会更大。如果做平板支撑时出现"塌腰"，也就是骨盆前倾的问题，你需要停止这个练习，直到你可以全程保持腹部发力。请牢记，训练的目的不是为了坚持多少秒，而是在正确的时间内做正确的动作。

尝试深呼吸：在练习平板支撑的时候，尝试用鼻子深吸一口气，然后用嘴慢慢地吐出，直到把腹腔空气吐完，同时进一步收紧腹部，吐气时间持续大约5秒。

难度：★

注意事项

1. 所有"静力训练：四点支撑"的注意事项均适用平板支撑。

2. 任何脊柱方面有问题的人均不适合做这个动作，若要训练，需要咨询专业医生。

训练建议

由于该动作对核心肌群的要求较高，不建议安排为热身动作。可以把平板支撑放在训练后期，甚至最后一个动作。

强度建议：每组坚持10秒，间歇10秒，反复完成3~6组。随着训练水平的提升，可以增加每组动作的时间。

08 静力训练：变成"超人"

　　到此为止，你已经学会了两个在地面进行的支撑位静力训练了，同时在平板支撑阶段我们增加了对呼吸的强化。当你熟练掌握后，相信你的核心肌群已经得到强化，那么接下来我们可以尝试一下——变成"超人"这个动作。

　　训练目的：进一步增强核心肌群的功能性。

动作步骤

❶ 准备好瑜伽垫，然后俯卧位趴在瑜伽垫上，双臂向前伸直贴在地面上（图a）。

难度：★★

ⓐ

❷ 头微微抬起，双臂向前伸抬起，同时双腿向后伸抬起，保持5~10秒（图b）。

ⓑ

注意事项

1. 头部微微抬起，可以保持顺畅地呼吸即可。

2. 尽管看上去手臂和腿好像在做类似两头起的动作，但在发力方式上是不同的，错误完成的两头起是手臂和腿向身体中线发力"折叠"，这样会很大程度地压迫腰椎。而该动作的发力方向是手臂向前伸，脚跟向后"踩"带动腿部离地，感觉是向尽可能远的方向延展身体。

3. 动作过程中腰椎如果有不舒服的感觉要立刻停止练习。

4. 很多人在初期做这个动作时，感觉腿使不上力，此时建议大家尝试一下收紧臀部来做这个动作。

5. 完成动作时不要憋气，尽量保持顺畅的呼吸。

训练建议

建议放在训练后当作整理动作完成，也可以和其他俯卧位或支撑类动作组合训练。

强度建议：每组坚持5~10秒，完成2~3组。

09 静力训练：变成"蜘蛛人"

训练目的：一个可以当作动态拉伸的练习。

动作步骤

❶ 以手撑地的四点支撑准备（图a）。

❷ 吐气的同时提起单侧的腿向前迈，例如抬起右侧的腿，迈至右手外侧踩地，尽量让脚踩的位置靠近手臂，保持躯干和腿部平直（图b）。

❸ 吸气的同时该侧腿向后迈，回到准备姿势。吐气的同时再提起另外一侧的腿重复以上动作（图c）。

难度：★★

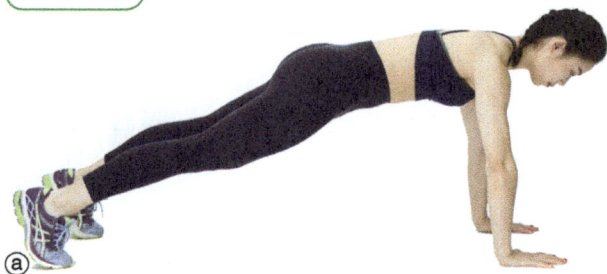

ⓐ

ⓑ

其他角度

其他角度

注意事项

1. 脚在靠近手臂踩实地面时，大腿内侧会有轻微的拉伸感，但不会出现明显的不适或抽筋的感觉，如果有强烈的不适，请及时停止练习。

2. 在四点支撑没有熟练掌握前，请不要做这个动作。

3. 脊柱尽量不要发生过度的偏转，左右两侧迈腿时，脊柱的扭转角度不应有明显的不一致。

4. 这是一个可以用作拉伸的动作，可以在迈腿向前的阶段保持8~10秒。

5. 肩关节有伤病的人，不适合做这个动作。

训练建议

不建议放在训练一开始作为热身动作，可以放在训练后用作整理动作，也可以和其他俯卧位动作组合编排。

强度建议：每组8~10次，完成2~3组。

10 人字推

训练目的：侧重三角肌和胸大肌上部的训练，有助于增强肩关节稳定性。

动作步骤

❶ 准备一个瑜伽垫，双脚自然站立，站距与髋同宽，确保双脚的外展角度是一致的。身体前倾、俯身，双手撑住地面，整个身体从侧面看上去呈"人"字形（图a）。

难度：★★☆

♥ 小贴士：到这一步时先不要着急发力，确保自己的双手、双脚的位置是一致的，由于柔韧性的差异，为了尽可能保证腰背挺直，你的膝关节可以弯曲得更多一些，以避免出现特别不适的感觉。你可以试着调整一下重心，当你尝试略微踮起脚尖的时候，上肢的压力会增加，同样当你尝试双臂发力推离地面时，下肢的支撑会增加。你可以用这样的练习让自己逐渐适应这个动作，因为人的头部更适合垂直于地面，当这种头部的"平衡"被打破时，需要适应一下才会慢慢掌握好平衡，这一步很重要，否则接下来的动作你将感觉无法很好地完成。

❷ 吸气的同时沿身体斜后45°方向屈肘，缩短头部与地面的距离，下落至大臂与小臂的夹角接近90°（图b），然后吐气的同时手臂发力，把身体推离地面，回到手臂伸直的位置。

注意事项

1. 一定要保证顺畅的呼吸，不要过多地憋气。

2. 学习动作阶段，可以在呈"人"字形的位置多停留一会儿，做重心调整的训练，让自己有一定的适应。

3. 下落幅度可以依据自身能力调整，前期可以微微屈肘，屈肘越多，对相关肌肉的挑战越大。

4. 请注意，这个动作不适合血压异常的人。

5. 请注意，这个动作不适合肩关节有伤病的人。

6. 每个人的柔韧性有差异，所以完成动作时的角度略有差异，如果大腿后侧柔韧性较差的话，那么做这个动作的时候上半身与地面倾斜的角度可能略小，也就是"人"字形略扁平。

训练建议

不适合作为热身动作，可以作为练习俯卧撑的铺垫动作，也可以作为锻炼三角肌及肩关节稳定性的动作。肩关节稳定性对于所有俯卧状态下的动作都很重要。

强度建议：每组5~12次，完成3~5组。

最终目标，完成俯卧撑。

11 标准俯卧撑

训练目的：完成一个俯卧撑。

❤ **小贴士：**我们之前的练习都为了什么？在此之前我们做的所有训练都是在为完成标准俯卧撑做的准备练习。俯卧撑看上去很简单，实际上需要注意很多细节，完成俯卧撑的过程中，手臂就是你的"动力源"，它主要是通过肘关节的屈伸来完成的，所以我们此前练习的扶墙臂屈伸、扶墙臂屈伸－推离墙体，正是为了锻炼肱三头肌的力量，为尝试正确的发力找感觉。在站立位动作之后，我们又练习了一些俯卧位的动作，相比起面对墙体的训练，俯卧位动作需要克服的阻力大幅增加，也就意味着难度的增加，这时的静力训练的目的是增强关节的稳定性和调动核心肌群的参与。最后我们针对三角肌进行相对孤立的训练，因为三角肌在完成俯卧撑的过程中，对于稳定关节有着重要的作用。

动作步骤

❶ 准备一个瑜伽垫，双脚自然站立，站距基本与髋同宽，俯卧在瑜伽垫上，以双手支撑的四点支撑的姿势准备（图a）。

难度：★★★★

ⓐ

❤ **小贴士：**需要先低头确认下双脚和双手的位置是平齐的。

❷ 调整完姿势后，吸气的同时，肘关节朝向身体斜后45°方向弯曲，身体逐渐靠近瑜伽垫（地面），此时尽量保持小臂与地面垂直，要求肘关节夹角接近90°或者略小于90°（图b）。

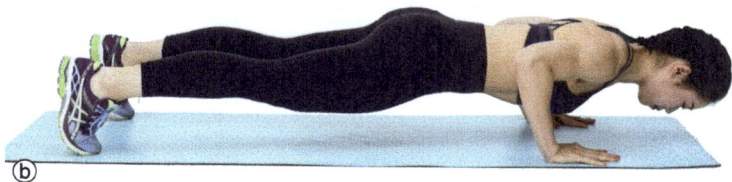

ⓑ

💗 **小贴士**：下落时要尽量慢一些，利用胸部和手臂肌肉的力量控制身体贴近地面的速度。

❸ 吐气的同时，发力把身体推离地面，此时特别需要收紧核心，避免出现塌腰弓背。

💗 **小贴士**：发力把身体推离地面的一瞬间，你可能会憋气，但不要太久，随着发力应逐渐配合用嘴将气吐出，切忌憋气时连续做多次重复。

注意事项

    1. 如果你感觉手臂似乎还有力气，但肘关节和肩关节的稳定性不足，或脊柱骨盆的中立位角度在发力过程中出现较大的姿态改变，说明你需要休息了，过一会儿再继续练习。

    2. 如果腕关节感觉不舒服，可以选择护腕或者借助俯卧撑支架。

训练建议

    不适合作为热身动作。

    强度建议：每组进行5~12次，完成3~5组。力竭后，可以采用跪式俯卧撑继续练习。

5.3 上肢训练篇——三角肌

▌01 哑铃侧平举

哑铃的选择：动作学习阶段，选择1~3磅（1磅≈0.454千克）的即可，或者2千克左右的就足够了，不建议超过3千克，如果没有哑铃也可以用矿泉水瓶替代。

训练目的：强化三角肌，肩部塑形。

动作步骤

❶ 双手各持一只哑铃，双脚自然站立，站距基本与髋同宽，保持脊柱和骨盆的中立位，核心收紧、臀收紧，哑铃位于体侧髋关节附近（图a）。

❤ 小贴士：保持肩部远离耳朵，不要耸肩。

❷ 吸气，吐气的同时手臂向身体两侧抬起，小臂只是负责衔接重物，主要发力点是肩部带动大臂向身体两侧抬起，肘关节抬至接近肩的高度即可（图b）。可以在动作顶端保持2秒的肌肉静力收缩，感受肩部的发力。

❸ 吸气的同时，手臂有控制地回落至身体两侧，回到起始位置。

难度：★ ★

ⓐ   ⓑ

注意事项

1. 目标是感觉到三角肌中部和前部有酸胀感，如果感觉斜方肌酸胀感强于三角肌，那么说明你完成动作时的发力方式不对，很可能在侧平举的过程中出现了肩上提的动作，也有可能是你的三角肌力量较差，缺乏锻炼。

2. 哑铃侧平举是锻炼三角肌的经典动作，之所以哑铃侧平举和后面的弹力带侧平举都标记了两颗星的难度，是因为侧平举这个动作看上去简单，实际上需要掌握的细节是比较多的，所以这个动作需要慢慢掌握，不要急于求成。

3. 肘关节尽量不要抬得过高，否则容易出现肩峰撞击的情况。

训练建议

适合安排为与肩部有关的训练的热身动作，热身时重量不宜过大。

强度建议：每组10~20次，完成3~4组。

02 弹力带侧平举

弹力带的特点： 弹力带价格便宜、易于携带，使用场景也很广泛。但在使用过程中要注意以下3点。第一，弹力带的材质具备很强的延展性，随着弹力带被拉长，阻力也随之增大，反之随着弹力带缩短，阻力也逐渐减少直到消失。由于阻力一直在变化，也就对完成动作时的控制力提出了更高的要求，尤其在弹力带缩短的阶段。第二，弹力带有多种阻力的选择，应该依据自身能力进行选择，有些动作不适合用大阻力的弹力带完成，例如，侧平举，通常5千克左右就足够。第三，弹力带如果使用较为频繁，建议至少半年更换一次，及时的更换可以避免由于材质的老化导致使用过程中崩断的情况。弹力带有长带式，也有闭环式（大和小），这里我们选用的是长带式。

训练目的： 强化三角肌和增强肩关节的稳定性。

动作步骤

❶ 双脚自然站立，站距与髋同宽。将弹力带中部踩在脚下，同时调整左右弹力带的长度使其保持一致，双手分别握紧弹力带两端，使左右两侧都能感受到一定的张力（图a）。

❤ **小贴士：** 一定要将弹力带稳稳地固定在脚下。

❷ 吸气，吐气的同时手臂向身体两侧抬起，抬至肘关节接近肩的高度即可，保持脊柱和骨盆的中立位，核心收紧、臀部收紧，保持与弹力带的张力对抗2秒（图b）。

难度：★★

ⓐ

ⓑ

❸吸气的同时，手臂慢慢回落至身体两侧，回到起始位置。

💗 小贴士：一定要控制匀速发力，不要任由弹力带的张力让手臂被动地运动。

注意事项

1. 不宜选择阻力过大的弹力带，否则很容易让斜方肌借力参与。

2. 很多女生担心这个动作会让斜方肌变得发达，为了避免这个问题，除了以上的注意事项之外，还应该注意在完成动作的过程中，避免耸肩和低头，找一种人向上拔的站姿发力方式。

训练建议

这是又一个很好的锻炼三角肌的动作，熟练掌握以后，可以用轻阻力的弹力带作为热身训练。

强度建议：每组8~15次，完成3~5组。

03 哑铃推举

训练目的：强化三角肌，增强肩关节稳定性。

动作步骤

❶ 双手各持一只哑铃，正常站立位，双脚间距离基本与肩同宽或者略宽于肩。屈臂将哑铃托举在身体两侧，掌心朝前，肘关节略低于肩部，小臂基本与地面垂直（图a）。

❤ **小贴士**：可以按照自己舒服的角度抓握哑铃，但应避免过度塌腕导致的腕关节压力增加。

❷ 吸气，吐气时将哑铃向肩部正上方推起，上推过程中感受大臂在靠近耳朵，在运动行程中，尽量保证小臂和地面垂直，直到肘关节接近伸直，在顶端保持1~3秒的静力收缩（图b~c）。

❸ 吸气的同时慢慢将哑铃回放到准备姿势。

难度：★★★

ⓐ

ⓑ

ⓒ

其他角度

ⓐ

ⓑ

ⓒ

注意事项

1. 这个动作不适合肩关节有伤病的人。

2. 推举过程中要避免耸肩（肩胛骨上提）。

3. 还可以尝试坐姿完成该动作。

训练建议

　　强度建议：每组10~20次，完成3~5组。

04 哑铃推举变式：加入肘关节旋转

训练目的：强化三角肌，增强肩关节稳定性。

动作步骤

❶双手各持一只哑铃，正常站立位，双脚间距离基本与肩同宽或者略宽于肩。屈臂将哑铃托举在体前，采用反手的握法，手背朝前，肘关节低于肩部，小臂基本与地面垂直（图a）。

难度：★★★★

ⓐ ⓑ

❷吸气，吐气时向外展开手臂，展开的程度与哑铃推举的常规上推相同（图b），随后完成
　上推，小臂始终保持和地面垂直，直到肘关节接近伸直，在顶端保持1~3秒的静力收缩
　（图c~d）。

❸吸气的同时慢慢将哑铃回放到准备姿势。

ⓒ　　　　　　　　　　　　ⓓ

训练建议

　　该动作可以和多个部位联合在一起训练，例如背部、胸部、胳膊，也可以单独用于三角
肌训练。

　　强度建议：每组8~12次，完成3~5组。

5.4　上肢训练篇——肱三头肌

01　哑铃－俯身－臂屈伸

训练目的：强化肱三头肌，手臂塑形。

动作步骤

❶ 准备一个哑铃，学习动作阶段最好准备一个座椅或其他可以扶住的支撑物，但是要注意这个支撑物必须稳定。

❷ 距离支撑物两三步远的距离站立，双脚间距离基本与肩同宽或者略宽于肩，一只手持哑铃，同时俯身，另一只手扶住支撑物，脊柱保持中立位，持哑铃的手向身体后方收紧（肩胛骨靠近脊柱），此时大臂接近于与地面平行，小臂与地面垂直（图a）。

❸ 吸气，吐气的同时逐渐伸直肘关节，大臂全程保持不动，感受肱三头肌的收缩，动作末尾保持1~3秒静力收缩（图b）。

❹ 大臂依旧保持不动，吸气的同时小臂有控制地回到起始位。

难度：★★★

其他变式

注意事项

　　1. 动作熟练掌握以后，可以做双手的臂屈伸，只是没有支撑，详见"其他变式"。

　　2. 腰椎不好的人尽量做单手支撑的臂屈伸。

　　3. 避免在运动过程中发力一侧的肩关节向前扣，比较常见的错误姿态是在圆肩驼背的状态下做臂屈伸。

　　4. 肘关节有超伸问题的人，尽量对着镜子确认自己没有过度伸直手臂。

训练建议

　　热身阶段可以徒手完成，还可以和背部训练放在一起，例如与单臂、双臂划船和硬拉等动作结合在一起。

　　强度建议：每组8~12次，完成3~5组。

02 肱三头肌－弹力带－俯身－臂屈伸 _____

训练目的：强化肱三头肌，手臂塑形。

动作步骤

❶ 双脚自然站立，站距基本与肩同宽或者略宽于肩，将弹力带中部踩在脚下，双手掌心相对分别握住弹力带两端，然后俯身45°左右，调整弹力带的长度，使左右两侧都能感受到一定的张力（图a）。

❷ 屈臂，至肘关节呈90°（图b）。

难度：★★★

ⓐ   ⓑ

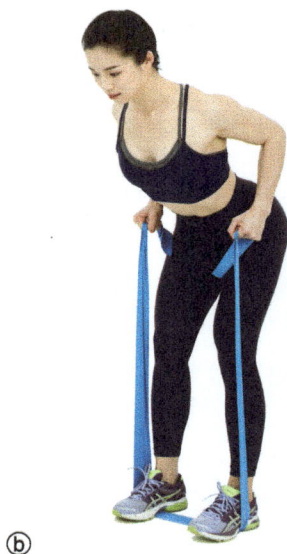

❤ 小贴士：和哑铃－俯身－臂屈伸的区别在于，小臂下放过程中弹力带的阻力比哑铃要大，所以这个过程要注意控制速度。

❸ 吸气，吐气的同时逐渐伸直肘关节，大臂全程尽量保持不动，感受肱三头肌的收缩，动作末尾保持1~3秒静力收缩（图c）。

❹ 大臂依旧保持不动，吸气的同时小臂有控制地回到起始位。

其他角度

ⓒ

训练建议

　　热身阶段可以徒手完成。

　　强度建议：每组8~12次，完成3~5组。

5.5 核心训练篇

其实俯卧位的动作都会涉及核心肌群的参与，但更多侧重核心肌群的稳定能力，并不是针对性的锻炼（平板支撑除外）。那么从本节开始，我们会更侧重核心肌群的针对性训练。

核心肌群并不是由一块肌肉构成的，而是一个肌肉群。它们在人体腹部的前后包绕着我们的躯干，其中包括腹直肌、腹斜肌、腹横肌、竖脊肌和下背肌群等。核心区对于人体的运动来说至关重要，它起着承上启下的作用，例如，在深蹲的过程中，核心区就负责稳定上半身，从而实现更好的负重。如果核心区力量薄弱，那么躯干就无法保持中立位，进而本应保持稳定的肌肉和关节将很容易在运动过程中产生代偿，这样不仅练不到我们预想的目标肌肉，还会埋下运动损伤的隐患。

关于核心肌群的锻炼你需要知道的一些事

产后出现腹直肌分离的女性，不适合自行锻炼核心肌群，需要在专业医生指导下进行康复训练，盲目进行腹直肌训练只能让腹直肌分离情况更加严重。

患有腰椎间盘突出和坐骨神经痛等脊柱方面疾病的人群，同样需要在专业人士的评估和指导下开展训练。

核心肌群的加强有助于保护脊柱，但在锻炼核心肌群时，如果没有掌握动作要点，也十分容易引发伤病，因为我们的日常体态已经偏离了正常状态，导致"把动作做标准"这件事变得更难。这个问题探讨起来较为复杂，简单来说这和我们的工作、生活方式的改变有着很大的关系。

如果你翻看一些国内的老电影，你会发现二十世纪八九十年代的影片中人们的身姿十分挺拔，那是一个电视机刚开始普及的年代，没有电脑和手机，大部分人低头最多的时间也仅仅是伏案写作，到了近现代随着电脑和手机的普及，我们的工作状态让脊柱如同虾的形态一样弯曲着，在电脑桌前工作久了头部就会不由自主地向前探。

与伏案写字不同，在使用电脑的过程中，我们的手臂几乎都是前伸的状态，如果桌子和椅子的高度不匹配的话，斜方肌很容易处于紧张状态。不仅如此，久坐以后背部的肌群会持续紧张，包裹在肌肉表面的筋膜也会紧张，如果得不到及时的放松或者缺乏锻炼的话，就会引发疼痛，同时体态也逐渐随之恶化。除了电脑外，频繁地使用手机，让我们常常处于低头的状态，进而给颈椎施加了额外的压力，要知道人类历史上养成如此坐姿和低头的行为习惯，也是在近现代才出现的。

　　换句话说，现代化的生活习惯已经在悄然地威胁着我们的脊柱健康。长时间处于不良姿态使得人们的背部肌肉过于紧张，同时身体正面的胸大肌、胸小肌也过于紧张，从而导致圆肩驼背、头前探的体态。这种肌肉的紧张－松弛失衡的状态如果较为严重的话，就可能引发颈椎、腰背的疼痛，这也被称为上交叉综合征。

　　如果你本身有上述的体态问题，但情况不严重的话，可以通过肌肉的锻炼配合拉伸放松来改善这个状况。如果已经出现较为严重的疼痛问题，那么还是要找专业人士进行评估和调整。我遇见过很多不重视这方面问题的人，比如很多人都无法正常地把胸椎延展做到挺胸或者脊柱延展了，但因为核心肌群无力，导致骨盆也处于前倾的位置。如果在这样的体态下进行接下来的训练，则有可能进一步增加腰椎的压力，并且关节活动度的受限还会导致其他关节（肌肉）的代偿。所以，请你一定在思想层面加大对脊柱中立位和脊柱与骨盆的刚性的重视。在进行接下来我们要讲解的训练动作时，哪怕只是简单的提膝抬腿，如果在运动过程中有任何的脊柱不适，请及时停止并反思自己的动作形态。

01 提膝抬腿

训练目的：提升平衡性和协调性，有助于提升核心稳定性，在动作过程中要格外注意感受核心肌群的发力。

动作步骤

❶ 双脚自然站立，站距与髋同宽，手臂自然下垂。

❷ 抬起小臂，大臂保持贴紧身体，肘关节弯曲角度为90°，意味着大臂与地面垂直，而小臂与地面平行（图a）。

💓 **小贴士**：接下来的运动中要避免晃动大臂，尽量保持手臂位置不变。

难度：★★

❸ 吸气的同时提膝抬起一条腿，尝试用膝关节去触碰同侧手掌，此时小腿尽量与地面垂直，保持平衡，坚持2秒（图b）。

💓 **小贴士**：此时应努力感受腹部肌群的紧张，脊柱保持在中立位。在做单腿类的动作时，身体为了保持平衡（脊柱中立位），核心肌群的参与会大幅增加。还需保持支撑腿一侧的骨盆不要向侧面顶出，这样才会更好地调动臀中肌的参与。注意，膝关节触碰到手掌只是一种发力方向的引导，并不是这个动作的目的。

ⓐ

❹ 吐气的同时慢慢让腿下落，回到双脚起始站立的位置。

💓 **小贴士**：这一步一定要慢，重复次数的增多会让你有些疲惫从而减小了控制，但如果快速让腿自由落体下落，这个动作的效用也会下降一半，不利于我们后期学习其他变化的动作。

❺ 吸气的同时抬起另外一条腿，用膝关节去触碰同侧手掌，依旧保持住2秒（图c），然后慢慢回到正常站立。

ⓑ　　　　　　　　ⓒ

注意事项

1. 这是一个看似简单的动作，但要掌握所有细节则需要耐心的练习。这个动作挑战了平衡性和协调性，刚开始可能会出现单腿站立不稳的情况，一定要有耐心地练习，才能真正做到熟能生巧。

2. 在初期的学习动作阶段，要努力感受核心肌群的参与，节奏不要过快，提膝阶段2~3秒，触碰到手掌时，保持2~3秒的静力对抗，然后用2~3秒将腿伸直（脚）回落地面。

3. 膝关节和韧带有伤病的人请在专业人士的评估后再做这个动作。

训练建议

可以安排为热身动作，也可以搭配其他训练将此动作安排在训练组合中。如果安排为训练组合的话，可以当作一个低强度的休息动作，安排在恢复体能的阶段。

强度建议：每组10~15次（左右腿各完成一个算一次），完成3~5组。

02 提膝抬腿的动作变化：尝试加速 _____

训练目的：提升平衡性、协调性和关节稳定性，侧重核心肌群的锻炼，加入适度的爆发力。

动作步骤

与提膝抬腿的要点一致，区别在于提膝过程中加入了爆发力，所以需要熟练掌握提膝抬腿后再进行这个训练。

❶ 双脚自然站立，站距与髋同宽，手臂自然下垂。

❷ 抬起小臂，大臂保持贴紧身体，肘关节弯曲角度为90°，意味着大臂与地面垂直，而小臂与地面平行。

❸ （与提膝抬腿的区别）吸气，接下来准备快速地用膝关节"击打"手掌，所以在发力的一瞬间你可能会有短暂的憋气，在抬腿完成膝关节"击打"手掌时用力吐气。

💗 小贴士：在保证动作正确的前提下，尽可能快速地提膝"击打"手掌，此时你很有可能听到"击打"的声音。

❹ 尽管是快速击打，然而在击打时你依旧要保持住静力的对抗，也就是坚持单腿站立2秒左右，再慢慢地把腿有控制地回落到站立位置。

注意事项

1. 尽管只有小的变形，但一定要在提膝抬腿的动作要领掌握的前提下再做这个升级版的动作。

2. 根据我的经验，大部分练习者在同样的组数下，由于加入了爆发力，做这个动作时的心率会比提膝抬腿提升3%~8%。

3. 膝关节有伤病的人请在专业人士的评估后再做这个动作。

训练建议

熟练掌握以后适合安排为热身动作。如果搭配其他训练组成训练组合的话，可以当作一个低强度的休息动作用于恢复体能。

强度建议：每组10~15次（左右腿各完成一个算一次），完成3~5组。

03　提膝抬腿的动作变化：尝试慢速

训练目的：提升平衡性、协调性和关节稳定性，侧重核心肌群耐力的锻炼。

动作要领：当彻底掌握了提膝抬腿这个动作后，可以试着做得慢一些，想象一下在电影中看过的慢镜头，尝试用慢镜头的感觉去完成这个动作，这对于整体的平衡性、协调性，以及肌肉的耐力会是很好的挑战。例如，在提膝触碰手掌的阶段用5秒慢慢去完成，再用5秒慢慢让腿回落，然后再完成另一侧，这样算下来，如果一组做10次的话，你可能需要将近2分钟才能完成一组。但和上两个动作感觉不同的是，你的大腿尤其是股四头肌可能会有较为强烈的酸痛感，同时由于单腿支撑身体的时间延长，臀部肌群的参与也会增加，尽管只是完成形式上的变化，这个动作对于关节的稳定性提出了更高的要求。

训练建议

由于该动作对关节稳定性有更高的要求，不建议安排为热身动作，可以安排为训练计划中较靠后的动作。

强度建议：每组10次（左右腿各完成一个算一次），完成2~3组。

04 提膝抬腿的动作变化：尝试靠墙完成

训练目的：提升平衡性和协调性，侧重核心肌群的锻炼。

动作步骤

❶ 背对墙体站立，脚距离墙体一步左右的距离，双脚站距与髋同宽，双手扶墙，同时保证头后侧和肩部靠在墙体上，保持躯干和腿部在一条直线上（图a）。

❷ 手臂压向墙面支撑住身体，吸气的同时抬起一侧腿，抬至大腿接近垂直与躯干，停留2秒，感受腹部的发力（图b）。

❸ 嘴慢慢地吐气，同时有控制地将腿回放至起始位，再次吸气，另外一侧腿重复步骤2的动作（图c）。

难度：★★

ⓐ　　　　ⓑ　　　　ⓒ

注意事项

　　1. 左右肌肉不平衡的人（例如脊柱有侧弯），在做这个动作的时候可能会感觉两侧明显发力不同。

　　2. 髋关节有伤病的人不适合做这个动作。

训练建议

　　熟练掌握以后，可以安排为热身动作，也可以搭配其他动作进行组合。在动作组合编排中，可以作为以休息为主的体能恢复动作，也可以放在训练最后。

　　强度建议：每组6~10次（左右腿各完成一个算一次），完成2~3组。

05　交替高抬腿

　　很多缺乏锻炼的练习者在做交替高抬腿时，往往都忽略了"高抬"这个动作，反而在用力地"跺脚"，这会导致与"抬腿"相关的肌群没有得到很好的锻炼。跟着本书循序渐进地练习至此，你可以尝试一下做交替高抬腿了，因为所有的动作细节你已经可以很好地完成，接下来只是增加动作的节奏性，简单来说高抬腿是由两个动作组成的。

　　一个动作是，抬起一侧腿同时另外一侧腿处于伸直支撑的状态（图a）。另一个动作是，支撑的腿的膝关节从伸直变弯曲90°上抬，同时另一侧腿则是从弯曲到伸直（图b）。接下来则是让两个动作在一个节拍里完成，一个节拍算一次，然后连续完成10次。

　　在学习阶段手臂依旧弯曲90°，小臂抬起置于体前，这样也可以帮助你找到发力的方向，当动作熟练以后，协调性也会增加，这时可以增加摆臂的动作。

难度：★★★

ⓐ　　　　ⓑ

注意事项

　　膝关节、髋关节有任何伤病的人不适合做这个动作。

训练建议

　　由于该动作对心肺功能有一定要求，不适合安排为热身动作，适合安排在训练中后期。

　　强度建议：每组10~30次，完成3~5组，节奏和强度按照自己体能需求合理安排。

06 交叉提膝抬腿 _____

训练目的： 提升平衡性和协调性，侧重核心肌群的锻炼。

动作步骤

1️⃣ 与提膝抬腿一致，双脚分开与髋同宽站立，肘关节呈90°屈臂，大臂与地面基本垂直，小臂与地面平行，指尖朝前（图a）。

2️⃣ 吸气的同时抬起一侧腿，与提膝抬腿要点不同的是，需要你用膝关节去触碰对侧的手掌，例如右腿支撑、左腿屈膝时，用左腿去触碰右侧的手掌（图b），同样在触碰到手掌的时候最好停留2秒。

难度：★★

其他角度

ⓐ   ⓑ

💕 **小贴士：** 此时应该感觉到侧腹部肌肉参与的增加。

❸ 嘴慢慢地吐气，同时慢慢将腿回放至起始位，然后抬起另一侧腿重复步骤2的动作（图c）。

其他角度

ⓒ

注意事项

　　1. 椎管内神经受到压迫，比如坐骨神经痛的人做这个动作时，如果随着疲劳感的增强会有一些不适，可能是由于运动中骨盆过于前倾导致的。

　　2. 相比提膝抬腿，这个动作增加了髋部的回旋运动（大腿内收也增加），所以对协调性和稳定性的要求更高，有些练习者由于左右肌肉力量不平衡，在做这个动作的时候会出现明显的高低肩问题，如果无法避免，建议先跳过这个动作。

　　3. 脊柱在运动过程中基本没有旋转，需要让上半身尽量保持正面朝向不变。

训练建议

　　熟练掌握以后，可以作为热身动作，也可以安排为以休息为主用于恢复体能的动作，也可以放在训练最后。

　　强度建议：每组6~10次（左右腿各完成一个算一次），完成2~3组。

07 提膝转体

训练目的：提升平衡性和协调性，侧重核心肌群的锻炼。

动作步骤

❶ 与提膝抬腿一致，双脚分开与髋同宽站立，肘关节呈90°屈臂，大臂与地面基本垂直，小臂与地面平行（图a）。

❷ 吸气的同时抬起一侧腿，例如抬起左侧腿，此时左膝靠近左手掌（图b）。

❸ 吐气的同时扭转躯干，保持手臂与躯干的角度不变，用左膝靠近右手掌，保持骨盆方向没有扭转（图c）。吸气的同时，躯干转正，左腿有控制地下落，然后抬起另一侧腿重复（图d~e）。

难度：★★

ⓐ　　　　　　　ⓑ　　　　　　　ⓒ

ⓓ   ⓔ

❤ **小贴士：** 此时应该感觉到侧腹部肌肉参与的增加。

注意事项

　　脊柱有任何问题的人都不适合做这个动作。

训练建议

　　熟练掌握以后，可以作为热身动作，也可以安排为以休息为主用于恢复体能的动作，也可以放在训练最后。

　　强度建议：每组10~15次（左右腿各完成一个算一次），完成2~3组。

08 交替交叉提膝高抬腿

　　请在完整地掌握好交替高抬腿这个动作以后，再来尝试这个动作，这个动作只是交叉提膝抬腿的加速版。

　　训练目的：提升平衡性、协调性和心肺功能，侧重核心肌群的锻炼。

动作步骤

① 与提膝抬腿一致，双脚与髋同宽或宽于髋站立，肘关节呈90°屈臂，或自然伸直垂于身体两侧（图a）。

② （双臂自然摆动）吸气的同时抬起一侧腿，用膝关节去触碰"交叉提膝抬腿"动作中对侧的手掌的位置（图b），速度略快一些，然后停留1~2秒，一侧腿伸直的同时，抬起另外一侧腿重复动作（图c）。

难度：★ ★ ★

ⓐ

ⓑ

注意事项

1. 脊柱有任何问题的人都不适合做这个动作。

2. 只是在抬腿期间增加了加速度，并不是在"跳跃"，应该把更多的注意力放在提膝这个动作上。

训练建议

熟练掌握以后，这个动作可以放在热身后训练状态和体能最充沛的时候做，也就是训练中期。也可以安排在训练后期，因为这个动作本身也是一个动态拉伸的动作。

强度建议：每组6~8次（左右腿各完成一个算一次），完成2~3组。

©

09 扶墙正提膝

扶墙的动作你应该不会陌生，我们在训练章节刚开始的时候就安排了面对墙体的训练。回想一下扶墙臂屈伸和推离墙体的动作，这些动作对于我们提升肩关节和核心的稳定性有着重要的意义，接下来我们又做了站姿的提膝训练，包括侧重核心区的一些功能性锻炼，而前面做的所有铺垫都是为接下来的训练打好基础。

训练目的： 提升肩关节稳定性，侧重核心肌群（主要是腹横肌和腹直肌）和腿部肌肉（主要是股直肌）的锻炼。

动作步骤

1 与扶墙臂屈伸初始动作一致，面对墙体站立，伸直手臂抵住墙体，双手间距基本与肩同宽或者略宽于肩，保持手臂与地面平行（图a）。

难度：★★☆

❤ **小贴士：** 此时确定双手、双脚的打开角度一致，脊柱处于中立位，骨盆既不前倾也不后倾。

2 吸气的同时抬起一侧腿，感受腹部肌群的收缩，不要抬得过快，学习动作阶段，为了加深肌肉记忆，整个提膝抬腿的过程可以用3秒来完成，同时将大腿抬至与地面平行的位置即可，此时小腿基本与地面垂直，脚尖朝前，保持1~2秒（图b）。

3 将单侧腿恢复到起始位，然后吸气抬起另一侧腿重复动作（图c）。

ⓐ

ⓑ   ⓒ

注意事项

　　1. 整个过程由四点支撑变成三点支撑，需努力控制好平衡，保持脊柱和骨盆角度不变，肩胛骨的状态也没有发生改变。

　　2. 与墙体的距离决定了这个动作的难度，距离墙体越远难度越大。

　　3. 在练习过程中容易出现两个常见的小错误：一个是提膝后小腿有旋转，没有保证脚尖朝前，这会损害脊柱的稳定性；另一个是运动过程中忽略了双脚的站位，比如做了几次提膝以后，双脚的位置和动作起始位置相比，位移较大。

训练建议

　　这个动作很适合热身时完成，也可以和扶墙臂屈伸这类动作组合起来训练。

　　强度建议：每组15~20次（左右腿各完成一个算一次），完成3~5组。

■10 扶墙侧提膝

训练目的：提升肩关节稳定性，侧重核心肌群（主要是腹横肌和腹外斜肌）和腿部肌肉（主要是股直肌）的锻炼。

动作步骤

❶ 与扶墙正提膝起始动作一致，面对墙体站立，身体与墙体相距大约2个脚长的距离（或更远），伸直手臂抵住墙体，双手间距基本与肩同宽或者略宽于肩，保持手臂与地面平行（图a）。

💓 **小贴士**：此时确定双手、双脚的打开角度一致，脊柱处于中立位，骨盆既不前倾也不后倾。

难度：★ ★ ☆

ⓐ

❷ 吸气的同时抬起一侧腿，与扶墙正提膝方向不同的是，腿部要从侧面抬起（此时完成了一个髋外展的动作），可以想象膝关节从体侧去"找"肘关节，抬高时感受侧腹部肌肉的发力，保持1~2秒（图b）。

💓 **小贴士**：尽量速度慢一些，每个人的柔韧性和骨骼结构略有差异，但动作完成时（关节）不应该有明显的不适感。

❸ 将腿（脚）有控制地恢复到起始位，然后吸气抬起另一侧腿重复动作（图c）。

💓 **小贴士**：扶墙过程中肩胛骨如果出现明显向后凸出的情况，说明前锯肌没有发力，需要调整身体姿态，尝试前锯肌发力将肩胛骨撑开，再继续下一步。

ⓑ　　　　　　　　　　ⓒ

注意事项

　　1. 相比扶墙正提膝，扶墙侧提膝更容易出现脊柱侧弯，尤其是向抬起的一侧腿侧弯，学习动作阶段应该尽量控制好脊柱的稳定。一般来说，为了找侧腹部肌肉发力的感觉，加上肌肉收缩的影响，小幅度的弯曲（10°以内）还在可控的范围内，但要保证左右弯曲的角度一致，另外侧弯处主要发生在腰椎段。

　　2. 有脊柱侧弯以及严重左右肌肉不平衡的人不适合做这个动作。

　　3. 练习过程中，如果明显感觉左右发力不均，应该找人观察一下脊柱侧弯和旋转的情况，以及髋关节外展时打开的角度和大腿抬起的位置，这三处是否存在问题。

　　4. 有椎骨小关节错位问题的人，可能会在脊柱轻微扭转过程中出现关节的弹响，一般来说，弹响仅出现一次或者两次是正常现象。但需要注意的是，这种弹响如果伴随动作的进行一直出现，则应停止该动作，向专业人士咨询。

训练建议

　　在熟练掌握以后，这个动作很适合热身时做，也可以和扶墙臂屈伸这类动作组合起来训练。

　　强度建议：每组15~20次（左右腿各完成一个算一次），完成3~5组。

11 扶墙侧提膝与扶墙正提膝的动作变化：尝试加速

扶墙正提膝和扶墙侧提膝动作的练习是为了后面的地面支撑动作做的准备练习，如果学习动作阶段可以做到以下几点，则说明你已经初步掌握了这个动作，就可以尝试增加运动的强度，也就是加速。

第一：在提膝过程中双臂可以稳定地支撑躯干。

第二：很好地控制节奏，双脚反复提膝后，回落到地面的站位与初始位置偏差不大。

第三：提膝过程中可以明显感觉到核心肌群的参与，脊柱不会出现偏转和过度侧弯。

动作思路与要点：之前在动作学习阶段的动作要点中，我们强调提膝过程要慢，同时大腿抬至与地面平行后最好停留1~2秒，膝关节由弯曲到伸直也要慢，此外还要注意脚尖的朝向要与膝关节一致。之所以这样要求，是因为这是一个看似简单，实则要注意很多细节的动作，特别是对平衡性和协调性提出了更高的要求。如果你可以同时掌握上述3个要点，那么就可以尝试加速完成该动作了。

动作步骤

❶ 扶墙，在尝试做加速训练的时候，抬腿的一瞬间脚掌可以蹬地发力，这样就会给提膝提供一个很好的加速度。

❷ 提膝到大腿与地面平行时，依旧保持1~2秒的静力收缩，然后慢慢将腿伸直恢复到初始位，然后抬起另一侧的腿重复动作。

注意事项

可以用手机录像或者找人从正后方观察左右是否平衡。

训练建议

可以安排在热身后的第一个动作，也可以在后面学习俯卧提膝时作为热身动作。

强度建议：每组10~15次（左右腿各完成一个算一次），完成3~5组。

12 动作组合：扶墙臂屈伸＋扶墙正提膝

训练目的：提升平衡性和协调性，侧重核心肌群（主要是腹横肌和腹直肌）、肱三头肌、三角肌、胸大肌和腿部肌肉（股直肌）的锻炼。这个动作的讲解旨在提供一种动作编排的思路，即可以将几种动作自由组合安排在一起进行训练，但进行组合的动作之间并不是毫无联系的。

我们拿扶墙臂屈伸和扶墙正提膝举例。动作组合通常会把相同肌群参与的不同动作加以组合，想想看在扶墙臂屈伸的动作过程中，参与的肌肉群（三角肌、肱三头肌、胸大肌）在臂屈伸阶段发生拉长和缩短的变化从而得到锻炼，而在扶墙正提膝的阶段，它们又处于"静力收缩"的状态，在稳定核心和躯干时发挥了重要作用。同时，提膝的过程中，腿部和臀部也都得到了锻炼。再加上所有动作都是面对墙体时完成的，那么把它们安排在一起便非常适合。

相信掌握了基础动作的你，可以探索出更多的动作组合形式。

13 卷腹

训练目的：强化腹直肌。

动作步骤

❶ 仰卧位躺在瑜伽垫上，双腿屈膝，双脚踩稳地面，手臂伸直，指尖触碰到腿部（图a）。

难度：★★

ⓐ

注意事项

1. 腰椎间盘突出的人群不适合做这个动作，应避免在做动作时出现腰痛的情况（腰椎疼痛）。

2. 做动作时保证顺畅的呼吸，过度憋气有可能会出现从仰卧位到站立过程中头晕的情况。

❷ 吸气，然后吐气的同时收缩腹部，躯干前屈至肩胛骨抬离地面，指尖沿着腿部去触碰膝关节（图b）。

💗 小贴士：下巴微微向下去找锁骨，可以缓解颈部肌肉的紧张。

❸ 吸气的同时感受脊柱一节一节下落，躯干回到仰卧位。

ⓑ

训练建议

可以用于核心区的训练，动作熟练以后可安排为动作组合中的过渡动作。

强度建议：每组10~20次，完成4~5组。

14 仰卧交替提膝

训练目的：强化腹直肌（侧重静力训练）、腿部肌群。

动作步骤

❶ 仰卧位躺在瑜伽垫上，手臂伸直，把手垫在臀部下方（手掌朝下），双腿伸直（图a）。

❷ 调整呼吸，双腿微微抬离地面，此时腹直肌会有收缩的感觉（图b）。

💓 小贴士：此时应保持下背部贴紧地面，腰椎不应该出现明显的不适。

❸ 吸气，然后吐气的同时单侧腿屈膝到大腿基本垂直地面，膝关节弯曲呈90°，另一侧腿保持伸直和悬空离地，注意伸直腿不要过度上抬（图c）。

💓 小贴士：初期训练的时候，如果力量不平衡或者腿部缺乏锻炼，会出现腿部肌群（主要是股直肌）明显代偿的情况，会感觉大腿比较酸痛，一般持续做10~12次以上时会出现这种问题。

❹ 调整呼吸，伸直屈膝腿，并换另一侧腿屈膝。

💓 小贴士：建议完成动作的节奏如下：一侧腿屈膝后，保持这个动作2秒左右，再屈膝做另一侧，然后继续停留2秒。

难度：★★★

ⓐ

ⓑ

注意事项

　　1. 腰椎间盘突出的人群不适合做这个动作，且应避免在做动作时出现腰痛（腰椎疼痛）的情况。

　　2. 髋关节活动受限的人不适合做这个动作。

　　3. 做动作过程中如果出现髋关节不适或者弹响，请停止做这个动作，并且找专业人士进行评估。

　　4. 做动作时保证顺畅的呼吸，过度憋气有可能会出现从仰卧位到站立过程中头晕的情况。

训练建议

　　可以用于核心区的训练，动作熟练以后可安排为动作组合中的过渡动作，不适合安排为热身动作。

　　强度建议：每组10~20次（左右腿各完成一个算一次），完成4~5组。请注意由于是单侧动作，所以完成次数一般都为偶数。

15 提膝卷腹

训练目的：强化核心肌群、腿部肌群，提升协调性。

动作步骤

❶ 坐在瑜伽垫上，双臂向后伸支撑住身体，同时腿部向前伸直（图a）。

❷ 调整呼吸，保持腰背部的中立位，屈肘让上半身自然向后仰，同时腿部抬离地面（图b）。

💙 **小贴士**：此时腰部不应出现明显的不适，同时后仰角度增加时，应明显感受到腹部的发力。

❸ 吸气的同时屈膝，让膝关节靠近胸部，屈膝到能感受到腹直肌最大限度地收缩即可（图c）。肘关节可以配合屈膝的动作有小幅度地伸直，总之以自己的脊柱活动范围为主，让躯干完成一个小幅度的向前运动。

💙 **小贴士**：每个人的关节活动范围不同，不要强行让自己在一个不适的角度完成动作。屈膝时，腿部的运动轨迹可以想象是脚后跟与臀部在一条线上完成屈膝和伸直的。

❹ 然后吐气的同时将膝关节沿着运动轨迹慢慢伸直，伸直的过程要比屈膝过程慢一些。

💙 **小贴士**：从屈膝到伸直的过程，为了平衡重心的改变，肘关节会略微伸直一些。

难度：★★★

ⓐ

注意事项

1. 如果感觉到腿部的收缩感强于腹部，说明动作没有做到位，比较常见的原因是腰椎过于挺直而没有屈曲。

2. 如果在屈膝时感觉大腿内侧受力增加、无法很好地稳定下肢，则是由于大腿内侧肌群力量较弱，这是正常表现。

3. 在做这个动作过程中如果出现腰椎明显的不适，以及髋关节的弹响，请立即停止做这个动作。

4. 很多练习者在做这个动作时会出现"憋一口气完成好几次"的情况，这样效率会降低，一定注意配合呼吸完成每次动作。

5. 较瘦的人做这个动作的时候容易感觉臀部底端的不适，可以选择较软或较厚的瑜伽垫。

训练建议

不适合安排为热身动作，可以和其他核心训练动作安排在一起，也可以放在核心训练的最后。

强度建议：每组10~20次，完成3~5组。

16 侧卧提膝 _____

训练目的：强化核心肌群（侧重侧腹部）、腿部肌群，提升协调性。

动作步骤

❶ 侧躺在瑜伽垫上，下侧手臂在身体下方支撑地面，小臂指向正前方，肘关节呈90°，肘在肩的正下方，上侧手臂伸直，双腿伸直并拢，保持脊柱角度在中立位。调整呼吸，吸气的同时上侧手臂向头顶方向延伸（图a）。

难度：★★★✦

ⓐ

❷ 吐气的同时屈臂（屈肘），同时同侧的腿屈膝，尽量用手肘触碰到膝关节（图b）。

💗 小贴士：屈肘屈膝时支撑的手臂压力增加，并且脊柱会有轻微的侧弯，感受侧腹部的发力，切记不要过多憋气。

❸ 吸气的同时，伸直同侧是肘关节和膝关节回到起始位，然后继续重复上述动作。

ⓑ

注意事项

　　1. 这个动作的学习阶段可能需要较长的时间，因为需要一定的协调性配合，在教学过程中我发现练习者容易出现两个问题：一个是支撑的手臂无法很好地保持平衡，导致侧腹部的感觉不明显；另一个则是同侧手脚协调性不好。

　　2. 这个动作不适合脊柱有伤病或者有脊柱侧弯问题的人。

训练建议

　　这个动作不适合作为热身动作，可以和其他核心训练动作安排在一起，也可以和腿部训练动作安排在一起，比较适合放在训练后期。

　　强度建议：每组10~20次，完成3~5组。

17 仰卧屈膝左右摸脚踝 _____

训练目的：主要强化核心区侧腹部。

动作步骤

❶ 仰卧位躺在瑜伽垫上，双腿屈膝，双脚踩稳地面，双手置于臀部两侧（图a）。

💟 **小贴士**：这个动作需要脊柱在仰卧位向单侧侧弯，所以理论上屈膝的角度应该在单侧侧弯时，手臂在伸直的状态下可以摸到侧弯面的脚踝即可。

❷ 调整呼吸，下巴微收，腹部发力让肩胛骨微微抬离地面，手臂伸直平行于地面（图b）。

💟 **小贴士**：此时腰椎不应该出现明显的不适，同时腹直肌有轻微的收缩感但并不强烈。

难度：★★★

❸ 吸气，然后吐气的同时脊柱向一侧弯曲，同时伸手去触碰脚踝，最好可以在顶峰保持1~2秒的停留（图c）。

❹ 吸气，身体（脊柱）回到正常位，吐气的同时伸手去摸另一侧脚踝（图d）。

注意事项

1. 有脊柱侧弯的人不适合做这个动作。

2. 很多练习者骨盆不稳定，在做单侧摸脚踝时骨盆也会侧倾，如果发生这样的情况可以在两腿之间夹住一块卷成卷状的毛巾，这样有利于提升骨盆的稳定。

3. 当侧腹无力的时候，如果继续完成这个动作则会出现明显的代偿，最常见的就是双脚位置发生变化，或者骨盆发生侧倾，所以要尽量高质量地完成动作，而不是追求完成动作的数量。

4. 当动作做熟练以后可以从一侧摸脚踝直接过渡到另一侧，但在学习动作阶段还是坚持单侧－中位－另一侧这样的顺序进行。

训练建议

不适合作为热身动作，可以和卷腹放在一起做一个组合，例如完成一次仰卧屈膝左右摸脚踝，然后再完成一次卷腹。

强度建议：每组10~20次（左右各完成一个为一次），完成3~5组。

18 瑜伽球仰卧提膝抬腿 _____

训练目的：强化核心肌群（侧重于腹直肌）、腿部肌群（侧重于大腿内侧）。

动作步骤

❶ 准备一个瑜伽球，仰卧位躺在瑜伽垫上，将瑜伽球放在小腿和膝关节之间夹紧（图a），双臂伸直置于臀部两侧，抬起双腿，将瑜伽球抬离地面（图b）。

难度：★★★

ⓐ

ⓑ

❤ **小贴士1**：这个动作与仰卧交替提膝要领一致，道具瑜伽球的使用有利于稳定下肢，同时对大腿内收肌有一定的锻炼效果，所以一定要等仰卧交替提膝这个动作练熟了以后再使用瑜伽球。

💚 **小贴士2：** 在购买瑜伽球的时候要注意瑜伽球的大小，通常直径尺寸有L和XL的选择，应该按照自己的身高、比例、力量去选择瑜伽球，建议选择直径大概和小腿同高的瑜伽球。

② 调整呼吸，夹紧瑜伽球的同时屈膝，膝关节逐渐弯曲到90°（图c），并在腹直肌收缩最强烈的顶峰停留1~3秒。

💚 **小贴士：** 此时腰椎不应该出现明显的不适。

③ 吐气的同时慢慢伸直膝关节，然后重复屈膝的动作。

训练建议

　　不适合作为热身动作，可以和腿部训练、核心训练动作安排在一起。如果核心稳定性较好的话，做这个动作时可以尝试一下上半身略微抬起，也就是肩胛骨略微离开地面，这样对于腹部的刺激更好。

　　强度建议：每组10~20次，完成3~5组。

19 瑜伽球伸臂卷腹

训练目的：强化核心肌群（侧重于腹直肌）、前锯肌，提升协调性和肩关节稳定性。

动作步骤

❶ 仰卧位躺在瑜伽垫上，双腿屈膝，双脚踩稳地面，双手持瑜伽球（图a）。向身体正上方伸直双臂，大臂与地面呈90°夹角（图b）。

难度：★★★

ⓐ

❤ **小贴士**：请在熟练掌握卷腹以后再做这个动作。

❷ 调整呼吸。吸气，然后吐气的同时卷腹，手持瑜伽球向身体正上方推起，保持手臂与地面垂直（图c）。

❸ 吸气，身体回落到瑜伽垫上，同时手臂依旧保持与地面垂直，然后重复上述动作。

注意事项

1. 做这个动作时不应该出现腰椎不适。

2. 手臂始终保持与地面的垂直关系。如果没有镜子，可以用手机拍摄确认自己手臂的位置，如果无法保持手臂的角度，那么这个动作则失去意义。

3. 这个动作不适合肩关节有伤病的人群。

4. 学习动作阶段可以不用瑜伽球，即在无负重的状态下完成这个动作。

训练建议

不适合作为热身动作，可以和卷腹放在一起做一个组合，这个动作对翼状肩胛问题有一定的调整作用。

强度建议：每组10~20次，完成3~5组。

20 瑜伽球手脚传球

训练目的：强化核心肌群（侧重于腹直肌）、腿部肌群（侧重内收肌），提升协调性和髋关节稳定性。

动作步骤

❶ 准备一个瑜伽球，仰卧位躺在瑜伽垫上，双腿夹住瑜伽球。

❷ 双手上抬举过头顶，同时腿部离开地面，不要让瑜伽球接触地面（图a）。

难度：★★★★

ⓐ

💗 **小贴士**：此时脊柱不应该出现不适的感觉。

❸ 吸气，然后吐气的同时提膝抬腿，同时用双手去接球（图b）。

ⓑ

❹ 将瑜伽球由双腿传递至双手，双手接到瑜伽球后，举到头顶的位置，同时双腿伸直，保
持1~2秒的静力收缩（图c）。

ⓒ

💗 **小贴士**：双腿抬离地面的高度越低难度越大，具体高度以腰部没有不适为调整标准。

❺ 手臂由头顶位置向身体下方运动，同时屈膝，将瑜伽球放置于双腿间并夹紧，此时腹直
肌收缩在顶峰状态时，保持1~2秒的停留。

❻ 此时瑜伽球由双手传递至双腿间，然后手臂抬至头顶，双腿夹球，膝关节由屈曲到伸直。

注意事项

　1. 请在前述所有腹部训练动作熟练以后再做这个动作。

　2. 到目前为止，这个动作对于核心区的稳定性和协调性要求是最高的。

训练建议

　　不适合安排作为热身动作，可以和卷腹以及进阶的卷腹动作放在一起。也可以安排在一
个专项的腹部训练中。

　　强度建议：每组10次，完成3~5组。

5.6　下肢训练篇

从站立到下蹲，让你拥有完美的臀腿曲线

人类的下肢力量在演化（进化）过程中不断加强，和四足行走相比，双足行走可以在消耗同样热量的前提下行走得更远。促成这一行为背后的主要原因是满足我们的祖先在演化过程中为了生存而寻找食物的需求，也就是人类为了生存和适应环境而采用了站立行走的行为模式。

采用双足行走后，人体髋关节的承重也随之加大，使得人类在进化过程中腿部力量逐渐加强，连接髋部的股骨也发展为人体内几乎最强壮的长骨。当人类社会发展到今天，出行交通工具的种类愈加丰富，上下楼有电梯，出行有平衡车、单车、地铁和汽车等。尽管没有相关的统计，但我认为现代的人类正成为下肢力量最为薄弱的一代，甚至有些人上两层楼都会觉得下肢酸痛、气喘吁吁。所以，从某些角度来说，进行下肢锻炼的目的仅仅是让你恢复一个健康成年人应该具备的下肢运动能力。

01　扶膝体前倾

训练目的：通过这个动作可以练习脊柱的"中立位"，这对于完成硬拉和下蹲动作都十分重要，主要感受身体核心区（腰腹）前侧肌肉和后侧肌肉的平衡（最好在训练时找一面镜子，可以从侧面观察到自己脊柱的形态）。

难度：★★

其他角度

动作步骤

❶ 正常站立位，双脚分开与肩同宽或略宽于肩，脚尖与膝关节方向一致。双手贴于大腿上（图a）。

💗 *小贴士：骨盆处于"中立位"，即不要过度前倾，也不要过度后倾。*

ⓐ

❷ 吸气，然后吐气的同时弯曲膝关节和髋
关节，双手顺着双腿的正面向下一直触
碰到膝关节或者膝关节下方，此时小腿
基本上与地面垂直（图b）。

💗 **小贴士：** 控制腰椎段脊柱曲度的肌肉
是腹部肌肉和腰背侧肌肉，但很多人
做这个动作只感觉到腰部肌肉紧张，
此时可以尝试用手推离膝关节，以进
一步感受腰背侧肌肉保持紧张的感觉。

❸ 吸气，身体回到起始位。

其他角度

训练建议

适合作为热身的动作，建议做得慢一些。
强度建议：每组10~15次，完成2~3组。

注意事项

　　1. 这是一个学习硬拉（直腿硬拉）的基础动作。因为在有杠铃、壶铃、哑铃负重时，重力的方向是垂直向下的，且手掌、腕关节、小臂、大臂都是负责承重并将力量传递至肩部的，所以实际上手臂的方向（顺着大腿正面向下）基本上就是负重时阻力的方向。然后身体前侧和背侧的肌肉参与稳定脊柱，这样髋关节和下肢才能实现更好的稳定和支撑。

　　2. 完成这个动作容易出现的问题是髋关节运动不够，即骨盆没有很好地配合躯干完成前倾。实际上，动作中膝关节的弯曲和髋关节的转动几乎是同时进行的，髋关节的转动就是骨盆的自然前倾，此时不应该出现腰部的疼痛；如果腰部感觉不适，除病理性因素外，最常见的就是骨盆前倾过度。我们的目标是骨盆与躯干保持同样的速度前倾，即保持骨盆和脊柱的刚性；而前倾过多，就是骨盆前倾的速度超过了躯干前倾的速度。前倾过多会使腹直肌在俯身过程无法正常发力，从而将压力转移到腰部，造成疼痛。

　　3. 在逐渐回到起始位置的时候（逐渐站直），如果有镜子，应该尽量从侧面观察自己骨盆的位置是否过度前倾。但需要说明，骨盆前倾并不是着重看臀部是否"翘"，有些人臀大肌较为发达，从侧面看上去就是凸起很多，但骨盆的位置还是正常的，可以用观察小腹是否凸出来判断骨盆前倾。

　　4. 在俯身屈髋阶段，髋关节反复出现弹响的人，建议停止这个动作，同时咨询专业人士。

02 扶膝体前倾－下蹲

训练目的： 掌握简单的下蹲动作模式，加强膝关节的稳定性。

动作步骤

❶ 正常站立位，双脚分开与肩同宽或者略宽于肩，脚尖与膝关节的方向一致。双手贴于大腿上（图a）。

💗 **小贴士：** 开始动作与扶膝体前倾一致。

❷ 吸气的同时屈膝、屈髋，双手顺着双腿的正面向下一直触碰到膝关节，此时小腿基本上与地面垂直（图b）。

💗 **小贴士：** 此处与扶膝体前倾略有差别，需要双手放在膝关节正前方，且只是扶住膝关节，不要向下推膝关节，不要给髌骨压力。

❸ 吐气的同时，双手扶住膝关节继续屈膝完成下蹲，下蹲至大腿与地面基本平行（图c）。然后恢复至起始位。

难度：★★

ⓐ　　ⓑ　　ⓒ

💗 **小贴士：** 下蹲的时候双手依旧轻轻扶在膝关节上。下蹲的时候想象身体后方有一个小凳子，然后你要坐在那个小凳子上。

注意事项

　　1. 建议在扶膝体前倾动作练习足够熟练以后再做这个动作，如果练习不够的话，在进一步屈膝下蹲阶段，腰椎节段可能会出现塌腰或弓背的情况，这样则失去了这个动作训练的意义。

　　2. 腿后侧肌群无力的话，在完成过程中可能会出现膝关节向前弯曲过多的情况。我们应该让小腿尽量和地面垂直，膝关节尽量不要超过脚尖。注意，这并不是在讨论深蹲过程中膝关节是否应该超过脚尖，对于大部分人来说完成一个膝关节超过脚尖的下蹲是很容易的，但这确实会对膝关节造成更大的压力。我们可以把膝关节过度向前的现象作为身体反馈的指标，该指标的含义是腿后侧肌肉和臀大肌缺乏锻炼。

　　3. 在这个动作中，手的作用类似"护膝"一般，"保护"膝关节的稳定。很多人在学习下蹲动作的过程中，膝关节弯曲阶段的稳定性还可以，但在膝关节伸直阶段时，由于动作的生疏和肌肉力量的不平衡，导致膝关节发生内扣。

　　4. 膝关节有伤病的人不适合做这个动作。

　　5. 在屈膝阶段，膝关节反复出现弹响的人，建议咨询专业人士。如果弹响同时伴随疼痛，那么请停止做这个动作。

其他角度

ⓐ　　　　ⓑ　　　　ⓒ

训练建议

　　适合作为热身动作，但不适合作为第一个热身动作，应该在膝关节充分活动后再选择这个动作热身。同时不建议做得太快，动作学习阶段应该放慢速度。

　　强度建议：每组10~15次，完成2~3组。

03 静力训练：背靠墙体静力蹲

训练目的：强化下肢腿部肌肉的力量和耐力，提升膝关节稳定性。

动作步骤

❶ 背对墙体，正常站立位，身体离墙体的距离大约与大腿长度一致（图a）。

💙 小贴士：距离墙体的距离可以参考下蹲到大腿和地面平行的位置时，小腿尽量和地面保持垂直。

❷ 吸气的同时屈膝、屈髋，就像做扶膝体前倾一样，至臀部可以接触到墙体，然后嘴慢慢吐气，同时身体逐渐靠在墙体上（图b）。

💙 小贴士：在学习动作阶段，不需要一定下蹲到大腿和地面平行，但应保证小腿尽量和地面垂直。

❸ 身体贴紧墙体，并且均匀呼吸，保持这个动作（图c）。

难度：★★★

ⓐ   ⓑ   ⓒ

注意事项

1. 该动作主要锻炼的是下肢力量和耐力，但为了更好地稳定上肢，核心肌群的参与也至关重要。

2. 该动作的难度随着大腿下蹲幅度的增加而增加，下蹲至大腿和地面几乎平行时，难度是最大的。

3. 一般来说，下蹲坚持10秒后，腿部肌肉会出现酸痛、难以控制的情况，这时应该尽量坚持，但也要掌握度，并不是撑得时间越久越好。那么，如何判断合适的时间呢？持续时间的上限是膝关节稳定性下降之前。当坚持到大腿肌肉已经近乎痉挛一般地颤抖，此时膝关节的稳定性已经严重下降，如果继续坚持，其实是很危险的。

训练建议

不适合作为热身动作，可以安排在下肢训练计划的后期，或者最后一个动作。

强度建议：每组10秒，完成3~5组，组间休息10~30秒。

04 空蹲

　　空蹲又叫自重下蹲，顾名思义就是利用自身体重进行下蹲的动作。对于大部分人来说，没有必要练习负重深蹲，因为空蹲本身就是一个难度较高的动作。同时，练习好空蹲也是进行负重深蹲的一个先决条件，很多人在不负重的状态下都无法完成标准下蹲。如果此时盲目地练习负重深蹲，那么腰椎、髋关节和膝关节都会承受很大的受伤风险。

　　训练目的：强化下肢力量，完成标准的下蹲。

动作步骤

❶ 正常站立位，双脚分开，站距基本与肩同宽，或者略宽于肩。

💓 **小贴士**：膝关节不要内扣，保持膝关节前方的髌骨与脚尖方向一致；同时骨盆不要出现过多前倾或者后倾，脊柱尽量保持中立位。

❷ 吸气的同时屈膝、屈髋，慢慢完成下蹲，身体越靠近地面应该越慢，下蹲到大腿和地面基本平行即可，保持1~2秒的静力收缩。

💓 **小贴士**：在学习动作阶段，下蹲过程中尽量保持膝关节的稳定，就像扶膝体前倾－下蹲一样，想象身体后方有一个小凳子，自己要坐在上面。

❸ 吐气后逐渐伸直膝关节和髋关节，完成身体从下蹲到站立。

💓 **小贴士**：在膝关节稳定的前提下，下蹲的时候要用肌肉控制下蹲的速度，站立的时候则要增加一些速度，也就是下蹲的时候身体越接近地面越慢，而站立的过程中，身体远离地面速度可以稍快。

注意事项

　　1. 在做该练习时，膝关节尽量不要超过脚尖，理由在前面的动作中解释过，需要找一种小腿和地面尽量垂直的发力感。

　　2. 很多女生在做下蹲动作时会出现习惯性地"夹腿"（即膝关节内扣），这种情况在下蹲和站起的过程中都有发生，因此在练习动作阶段应该更多地关注这一细节，也可以用弹力环（弹力带）套在膝关节上方，下蹲的时候增加大腿向外对抗的力量，从而加以改善。

　　3. 由于每个人关节活动度、柔韧性存在一定的差异，所以在下蹲过程中，脚尖的朝向也有差异，只要不是"内八"站立都没有什么问题，保持膝关节前方的髌骨与脚尖方向一致即可。

4. 如果下蹲过程中膝关节出现不适，应该咨询专业人士，或者在专业人士指导下进行训练。

5. 在下肢力量缺乏锻炼的阶段，建议不要做太多的下蹲运动，防止出现可能由于过度疲劳而导致的肌肉横纹肌溶解症，尽管这一病症的具体发生情景目前尚不明确，但根据大部分关于运动过度导致的横纹肌溶解的案例显示，几乎与深蹲、蛙跳等运动存在相关性（因果性并不确定）。

训练建议

不适合作为热身动作，可以单独和下肢训练安排在一起，也可以和下肢参与的动作放在一起训练。

强度建议：每组6~15次，完成3~5组，完成次数的判断依据应该以膝关节稳定性下降的临界点为指标，当肌肉无法保持膝关节稳定性时，应该及时休息，保证体能的恢复，然后再进行下一组训练。

下蹲时手的位置变换

下蹲过程中手的位置可以有多种变化，本书总结了3种不同的方法，相对来说最简单的是双手交叉下蹲，其次是双手前平举下蹲，难度稍大的是双手上举下蹲。

04-1　双手交叉下蹲

动作步骤

❶ 正常站立位，双脚分开，站距基本与肩同宽，或者略宽于肩，手臂在胸前交叉扶在肩上，此时大臂应该与地面基本平行（图a）。

❷ 保持手臂的位置，吸气的同时屈膝、屈髋，慢慢完成下蹲，直到大腿和地面基本平行，保持1~2秒的静力收缩，

注意事项

这个动作与负重版本的杠铃颈前深蹲的要点一致，如果使用负重增加阻力的话，相比于传统的杠铃颈后深蹲，颈前深蹲负重时核心区、前锯肌参与更强。同时，在完成双手交叉下蹲时，之所以反复强调大臂与地面的关系，一是为了更多地调动前锯肌的参与，从而增加核心区的参与，二是为后续的负重训练做准备，因为负重后如果大臂无法与地面平行，则无法固定杠铃。

同时手臂仍须保持与地面基本平行（图b）。

❸ 吐气，然后逐渐伸直膝关节和髋关节，完成身体从下蹲到站立，大臂全程与地面保持平行。

难度：★★★

其他角度

ⓐ　ⓑ

ⓐ　ⓑ

04-2　双手前平举下蹲

动作步骤

❶ 正常站立位，双脚分开，站距基本与肩同宽，或者略宽于肩，手臂自然下垂置于体侧（图a）。

❷ 吸气的同时屈膝、屈髋，同时双臂向前伸，并且慢慢完成下蹲，直到大腿和地面基本平行，此时双臂前伸的角度也应该与地面基本保持平行，保持1~2秒的静力收缩（图b）。

❸ 吐气，然后逐渐伸直膝关节和髋关节，完成身体从下蹲到站

ⓐ　ⓑ

立，随着身体逐渐站直，手臂慢慢下放到起始位。

04-3 双手上举下蹲

动作步骤

① 正常站立位，双脚分开，站距基本与
   肩同宽，或者略宽于肩，手臂自然下
   垂置于体侧（图a）。

② 吸气的同时屈膝、屈髋，同时双臂向
   上举，有控制地完成下蹲，直到大腿
   和地面基本平行，此时双臂上举的位
   置基本在双耳两侧，保持1~2秒的静
   力收缩（图b）。

③ 吐气，然后逐渐伸直膝关节和髋关节，
   完成从下蹲到站立，随着身体逐渐站
   直，手臂慢慢下放到起始位置。

ⓐ   ⓑ

注意事项

    1. 肩关节活动范围受限，或者有肩周炎等肩部疾病的人，不建议做这个动作，因
为如果强行完成一个双手上举下蹲的话，可能出现躯干过度前倾的问题。

    2. 上举的动作对于核心区的要求较高，在下蹲过程中，如果核心区没有很好地起
到支撑和稳定躯干的作用的话，则上半身会出现过度前倾的情况，此时手臂的上举就
失去了意义。

    3. 当熟练掌握动作后，可以在手中增加一些负重，例如哑铃、杠铃或药球等。

    4. 双手上举下蹲有两种做法，一种是上述的下蹲同时手臂上举，另一种是手臂先
上举到与双耳两侧，然后保持手臂始终上举的同时完成下蹲这个动作，后者难度更
高。也可以在手臂上举的时候下蹲，然后在起身站立的过程中手臂保持上举不变，等
完全站直以后再将手放回起始位置。

标准动作蹲不下去？试试下面的动作。

绝大多数人都存在下肢力量缺乏锻炼的情况，无法完成一个标准的下蹲，比如本书前

面提到的一些细节，"下蹲过程中小腿尽量互相平行，同时尽量与地面垂直"，如果无法标准地完成，那么可以先练习扶墙下蹲，当发力的感觉和发力的顺序掌握以后，尝试一下后面要讲的、难度稍微提升的背靠墙体–瑜伽球–下蹲，相信当你掌握了这两个动作以后，完成一个标准的下蹲就不是难事了。

05 背靠墙体–瑜伽球–下蹲

训练目的：更好地掌握标准下蹲动作。

动作步骤

❶ 准备一个瑜伽球，背对墙体站立，瑜伽球放置在身体和墙体之间，用身体的力量稳定瑜伽球，瑜伽球大致位于腰曲的位置（图a）。

💗 **小贴士**：瑜伽球的充气不应过满，以增加身体和瑜伽球的接触面积，这样在下蹲过程中可以更好地控制重心。

❷ 吸气的同时屈膝、屈髋，同时慢慢完成下蹲，此时瑜伽球的位置逐渐从腰部上滑到整个背部，下蹲至大腿和地面基本平行即可，保持1~2秒的静力收缩（图b）。

难度：★★

ⓐ

ⓑ

💗 **小贴士**：因为瑜伽球的软硬有差异，可以通过反复地蹲起来确认双脚与墙体的距离，整体来说双腿的位置比正常站立时要靠前一些。

❸ 吐气，然后逐渐伸直膝关节，完成从下蹲到站立，瑜伽球从胸背处逐渐下降至腰背处。

注意事项

1. 在开始练习阶段，不要着急下蹲，可以尝试一下慢慢地倚靠住瑜伽球，适应一下基本的平衡，如果在背靠瑜伽球下蹲阶段还在担心平衡问题，那么会给接下来的下蹲动作增加很多不必要的难度。

2. 身体全程应紧贴瑜伽球。

3. 因为瑜伽球可以有一定的变形，所以相对来说对于腰椎的压力较小。

4. 双手可以在下蹲的同时前伸，也可以双臂交叉，在学习动作阶段也可以自然下垂。

训练建议

不适合作为热身动作，可以单独和下肢训练安排在一起，也可以和下肢参与的动作安排在一起训练。

强度建议：每组10~20次，完成3~5组，完成次数的判断依据应该以膝关节稳定性下降为主，当肌肉无法保持膝关节稳定性时，应该及时休息，保证体能恢复，然后再进行下一组训练。

06 宽站位下蹲

训练目的：相较于站距与肩同宽，或者略宽于肩的做法，宽站位对于大腿内收肌群的刺激更多一些。

动作步骤

❶ 双脚站距宽于肩站立（图a）。

💓 **小贴士**：双脚站距的标准，参考下蹲至大腿平行地面时小腿垂直于地面所对应的距离。

❷ 吸气的同时屈膝、屈髋，有控制地完成下蹲，下蹲至大腿和地面基本平行即可，两臂自然屈肘上摆，两手于面前抱拳，以辅助平衡，保持1~2秒的静力收缩（图b）。

💓 **小贴士**：刚开始练习这个动作的时候，大腿内侧会感觉比较吃力，与正常站位的下蹲相比，宽位下蹲时更容易出现"膝关节内扣"的情况，练习阶段应格外注意。

❸ 吐气的同时逐渐伸直膝关节和髋关节，完成从下蹲到站立。

难度：★★★

ⓐ

ⓑ

注意事项

　　1. 相较于正常站位的下蹲，这个动作对膝关节稳定性要求更高。

　　2. 这个动作对于髋关节的柔韧性有一定要求，下蹲过程中如果出现髋关节的卡压，或者髋关节的疼痛，那么应该及时停止做这个动作。

　　3. 如果想增加臀大肌的收缩，可以在膝关节接近90°~120°这个区间内屈伸膝关节，同时重心可以向脚后跟方向偏移更多一些。

训练建议

　　不适合作为热身动作，可以单独和下肢训练安排在一起，也可以和下肢参与的动作放在一起训练。

　　强度建议：每组6~15次，完成3~5组，完成次数的判断依据应该以膝关节稳定性下降为临界点，当肌肉无法保持膝关节稳定性时，应该及时休息，保证体能恢复，然后再进行下一组训练。

07 哑铃上举下蹲

如果想练习哑铃上举下蹲这个动作，需要将双手上举下蹲这个动作熟练掌握。

训练目的：强化下肢肌肉和三角肌，提升核心区功能性。

动作步骤

❶ 双手持哑铃，正常站立位，双脚分开站距基本与肩同宽，或者略宽于肩，抬起双臂，屈肘90°，肘关节朝向正前方，小臂基本与地面垂直（图a）。

❷ 保持步骤❶中手臂的姿势不变，吸气的同时屈膝、屈髋，有控制地完成下蹲，直到大腿和地面基本平行，保持1~2秒的静力收缩（图b）。

💗 **小贴士**：手臂的姿势不变。

❸ 吐气，然后逐渐伸直膝关节和髋关节，完成从下蹲到站立（图c）。

💗 **小贴士**：手臂的姿势依旧不变。

❹ 此时身体处于站立的状态，然后完成一个推举，在推举过程中小臂始终与地面垂直，肘关节由指向前方逐渐过渡到指向侧面（图d~e）。

难度：★★★★

ⓐ   ⓑ   ⓒ

注意事项

1. 肩关节有伤病的人不适合做这个动作，同时肩关节稳定性较差的人不适合做这个动作。

2. 在动作学习阶段可以不加任何负重，应先进行徒手练习。

3. 可以单独做哑铃推举的动作用于锻炼三角肌，大臂向前的时候三角肌前束参与增加，肩关节逐渐外展阶段，三角肌中束参与增加。

4. 注意不要过多地肩外展。

5. 在进行肩部的推举动作时，头部不要过多地前伸，应保持中立位。

6. 有圆肩驼背的人，做这个动作可能会觉得十分吃力，如果无法完成不要勉强。

训练建议

不适合作为热身的动作，可以单独和下肢训练安排在一起，也可以和下肢参与的动作放在一起训练。

强度建议：每组5~15次，完成3~5组。膝关节稳定性下降、脊柱无法保持中立位、骨盆明显扭转等情况发生时应停止训练，或者换动作，或者好好休息，状态调整以能够以更好的身体状态完成下一组为标准。

ⓓ　　　　　ⓔ

08 哑铃单手上举下蹲

训练目的：强化下肢肌肉和三角肌，提升核心区功能性。

动作步骤

❶ 正常站立位，双脚分开，站距与肩同宽或者略宽于肩，单手持哑铃，屈肘使小臂基本与地面垂直（图a），刚开始学习动作阶段可以不负重。

💗 *小贴士：这个动作可以配合宽站位下蹲完成。*

❷ 吸气的同时屈膝、屈髋，慢慢完成下蹲，同时在下蹲过程中，手持哑铃一侧的手臂慢慢上举至耳边，另一手臂伸直侧平举，下蹲到大腿和地面基本平行即可，保持1~2秒的静力收缩（图b）。

难度：★★★★

ⓐ

ⓑ

❤ 小贴士：单侧哑铃上举过程中，肘关节由指向前方逐渐过渡到指向侧面，小臂全程基本垂直于地面，下蹲过程中为了保证平衡，另一侧手臂可以做类似侧平举的动作抬起（依据自己的习惯）。

❸ 吐气的同时，逐渐伸直膝关节和髋关节，完成从下蹲到站立，同时双臂逐渐回到起始位。

注意事项

　　1. 肩关节有伤病或者脊柱侧弯的人不适合这个动作。

　　2. 下蹲过程中骨盆不应出现侧倾或者过多旋转。

　　3. 如果膝关节无法保持稳定，或者单侧举起的手无法维持在耳侧，需停止做这个动作，或者休息一下，等体力恢复后继续完成。

训练建议

　　不适合作为热身动作，可以单独和下肢训练安排在一起，也可以和下肢参与的动作放在一起训练。

　　强度建议：每组5~15次，完成3~5组。膝关节稳定性下降、脊柱无法保持中立位、骨盆明显扭转、肩关节稳定性下降等情况发生时应停止训练，或者换动作，或者进入组间休息，调整好状态，从而以更好的身体状态完成下一组。

09 箭步蹲

训练目的：强化下肢肌肉，提升稳定性和平衡性。

所谓"箭步蹲"是指在完成下蹲时腿的站位为一前一后，然后双腿同时屈膝下蹲。不要把这个动作想得过于复杂，如果前面介绍的下蹲动作都可以完成得不错的话，学习箭步蹲最大的改变只是站位的变化。

箭步蹲采用的是前后脚站位，站位如果较宽，对于下肢来说臀部参与更多一些，如果站位略窄，则腿部参与更多一些，同时做箭步蹲训练的时候可以想象自己是在用一条腿做下蹲，后侧腿的作用更多是负责平衡（尤其是双脚距离较远的时候）。

动作步骤

❶ 双脚前后站立，前后脚的站距以下蹲后两腿的大小腿可以形成90°直角为参考，双手
交叉扶肩（图a）。

❷ 吸气的同时双腿屈膝，想象自己在用向前迈出的那条腿做深蹲，下蹲至前腿的大腿和地
面基本平行，小腿和地面基本垂直，保持1~2秒的静力收缩（注意保持平衡）（图b）。

难度：★★★★

ⓐ   ⓑ

💗 **小贴士：** 在下蹲过程中，大臂保持与地面基本平行，同时在屈膝时，需要注意膝关节的稳定性。

❸ 吐气的同时，逐渐伸直膝关节，完成身体从箭步下蹲到站立。

注意事项

　　1. 练习动作阶段，有些人可能需要花更多精力去保持平衡，所以可以不负重。

　　2. 膝关节、髋关节的稳定性在训练中较为重要，在稳定性不足的前提下不要进行负重训练。

　　3. 箭步蹲对于运动空间没有太多的要求，所以在练习的过程中可以变形为前迈步箭步蹲或后撤步箭步蹲，例如先迈出左腿完成箭步蹲，然后回到双腿在同一水平面的站位，再迈出右腿。或者将一条腿向后撤步完成箭步蹲，然后再回到双脚同一水平面的站位。

训练建议

　　不适合作为热身的动作，可以和下肢动作、核心动作安排在一起完成。

　　强度建议：每侧每组6~12次，每侧完成3~5组。

10 箭步蹲的动作变化：哑铃箭步蹲 _____

训练目的：提升核心以及下肢的稳定性，强化下肢肌肉。

① 双手持握哑铃，手臂下垂于体侧，双脚前后站立，前后脚的站距以下蹲后两腿的大小腿可以形成90°直角为参考（图a）。

难度：★★★★

ⓐ

♥ **小贴士**：调整好肩的位置，确保左右两边平衡，动作学习阶段哑铃不宜选择过重。

❷ 吸气的同时屈膝，动作要领与箭步蹲一致，下蹲至前腿的大腿基本与地面平行，小腿基本与地面垂直即可，保持1~2秒的静力收缩（图b），动作学习阶段可以减少静力收缩的时间。

ⓑ

💓 小贴士：使用哑铃增加了维持身体重心的难度，就像练习下蹲时一样，很多人在增加负重以后容易出现身体前倾过多的问题，所以在训练时需要更有意识地保持上半身不要俯身太多。

❸ 吐气的同时，逐渐伸直膝关节，完成身体从箭步下蹲到站立。

> **注意事项**
>
> 当肩部、下背部或膝关节出现稳定性下降时，需要停止继续错误的动作，进入组间休息。

> **训练建议**
>
> 不适合作为热身的动作，可以和其他下肢训练安排在一起，也可以与核心训练安排在一起。
>
> 强度建议：每侧每组6~15次，每侧完成3~5组。

11 宽站位－单侧－下蹲

训练目的： 强化下肢肌肉，腿部塑形。

动作步骤

❶ 宽站位，双脚间距约为1.5~2倍肩宽，脚尖向外打开约30°（图a）。

难度：★★★★

ⓐ

❷ 吸气的同时重心移向一侧腿，同侧腿屈髋屈膝，想象自己在用这侧腿做单腿深蹲，臀部
向后坐，此时小腿应尽量与地面垂直，另一侧腿处于伸直的状态（图b）。

💧 **小贴士：** 双手可以交叉放在肩上，或者双手抬拳置于胸前，关键点在于上半身要始终
保持直立，躯干不要向一侧弯曲。

❸ 吐气的同时，逐渐伸直膝关节，躯干保持直立，回到起始位。

❹ 调整呼吸，吸气，然后向另外一侧重复该动作（图c）。

ⓑ   ⓒ

注意事项

　　1. 这个动作不适合膝关节有伤病的人群，尤其是前十字韧带断裂以及髌骨软化的人群。

　　2. 这个动作对于大腿内收肌群有一定的力量要求，如果无法完成宽站位下蹲的话，先不要着急尝试这个动作。

　　3. 完成动作前，确保髋关节已经进行了充分的活动。

　　4. 髋关节外展角度受限的人，或者下蹲过程中感觉髋关节有卡压情况的人，请及时停止做这个动作。

训练建议

　　不适合作为热身的动作，可以和其他下肢训练动作安排在一起，也可以与核心训练动作安排在一起。

　　强度建议：每组6~12次（左右各完成一个为一次），完成3~5组。

12 箭步蹲跳

掌握箭步蹲动作后就可以进行这个练习了，但在蹲跳阶段需要确保你的膝关节和髋关节能够保持足够的稳定性。

训练目的：强化下肢肌肉，腿部塑形，提升协调性、稳定性，增强爆发力。

动作步骤

❶ 与原地箭步蹲相同，双脚前后站立，前后脚的站距以下蹲后两腿大小腿可以形成90°直角为参考（图a）。

❷ 吸气的同时屈膝，有控制地完成箭步蹲的下蹲动作，下蹲至前腿的大腿和地面基本平行、小腿和地面基本垂直（图b）。

❸ 前后腿同时发力伸直膝关节完成起跳（图c）。

💓 **小贴士**：学习阶段可以轻轻跳起、小距离离地即可。

❹ 落地时确保脚尖优先接触地面，然后全脚掌着地，之后配合进行屈膝、屈髋下蹲，再次重复跳起。

难度：★★★★⟆

ⓐ

ⓑ

注意事项

　　1. 膝关节和髋关节有伤病的人群，不适合做这个动作。

　　2. 如果不负重，手的位置一般是双手放在胸前，起跳后再顺势后摆伸直。

　　3. 动作练熟了以后，可以尝试双手持哑铃负重，但要循序渐进，一般这种稳定性、爆发力要求高的动作，往往伤病风险也较大。

　　4. 熟练掌握动作之后，可以尝试交换腿蹲跳，例如左腿在前、右腿在后，完成一次蹲跳，当跳起以后在空中交换左右脚，交换后为右腿在前、左腿在后落地，然后完成下蹲。

训练建议

　　不适合作为热身动作，也不适合在下肢肌肉力竭以后做。

　　强度建议：每侧每组6~12次，完成3~5组。

13 组合建议：空蹲＋箭步蹲跳

当学会空蹲、箭步蹲和箭步蹲跳之后，可以将这3个动作结合为一个动作组合进行训练。

动作步骤

❶ 正常站立位（图a），双脚分开，站距与肩同宽或者略宽于肩，完成一个下蹲（图b）。

❷ 起身时，双腿发力完成一个向上的跳跃。双脚离开地面后，在空中将腿前后交叉（图c）。

❸ 然后落地，稳定后的姿势应与箭步蹲起始姿势相同，然后完成一个交换腿箭步蹲跳（图d~f）。

难度：★ ★ ★

ⓐ ⓑ ⓒ

注意事项

　　上述过程步骤为：蹲跳起－空中变换腿－（左或者右侧）箭步下蹲－箭步蹲跳－空中变换腿－（另外一侧）箭步下蹲－箭步蹲跳－空中双腿变为同侧－下蹲－重复。

　　也可以按照这样的步骤进行：蹲跳起－空中变换腿－（左或者右侧）箭步下蹲－箭步蹲跳－空中双腿变为同侧－下蹲－跳起－空中变换腿－（另外一侧）箭步下蹲－箭步蹲跳－空中双腿变为同侧－下蹲－重复。

训练建议

　　不适合作为热身动作，也不适合在下肢肌肉力竭以后做。

　　强度建议：每组6~12次（左右交替算2次），完成3~5组。

ⓓ　　　　　　　　ⓔ　　　　　　　　ⓕ

14 扶物体-直腿-后伸

训练目的：强化臀部肌肉，臀部塑形。

动作步骤

1. 双脚分开，站距与髋同宽，身体微微向前倾扶住椅子，脊柱和骨盆处于中立位（图a）。

2. 吸气，然后吐气的同时一侧腿（例如左腿）保持直腿向后伸，感受臀大肌的发力，顶端保持1~3秒，此时躯干应该尽量保持平衡，脊柱始终保持中立位（图b）。

3. 吸气，腿回落到起始位置，然后重复。

难度：★★★

ⓐ

注意事项

1. 这是一个十分容易就可以找到臀大肌发力感觉的动作，容易出现的错误是脊柱向一侧发生侧弯，因此，训练时需要格外注意两侧的平衡。

2. 不用过多地考虑小腿的情况，主要是大腿向后伸，膝关节按照自己的柔韧情况自然弯曲即可。

3. 在做这个动作时不应该出现腰椎不适。

训练建议

适合作为热身动作。

强度建议：每侧每组10~20次，完成3~5组。

ⓑ

15 扶物体-屈膝-后蹬

训练目的：强化臀部肌肉，臀部塑形。

动作步骤

❶ 双脚分开，站距与髋同宽，身体微微向前倾扶住椅子，脊柱和骨盆处于中立位（图a）。

难度：★★★

❷ 屈膝，弯曲一侧腿（例如左腿），吸气，然后吐气的同时沿着小腿的方向向后蹬踩，感受臀大肌的发力，收缩最后停留1~2秒（图b~c）。

❸ 吸气，屈膝腿回落到起始位，然后重复上述过程。

ⓑ

ⓒ

注意事项

　　做这个动作时不应该出现腰椎不适的情况。

训练建议

　　适合作为热身动作。

　　强度建议：每侧每组10~20次，完成3~5组。

16 站姿-直腿-侧提

训练目的：强化臀部和核心肌群。

动作步骤

❶ 选择一个稳定的桌子或者椅子，双脚分开站立基本与肩同宽，身体微微倾至一侧并用该侧的手扶住椅子，另一只手放在腰部。例如右手扶住椅子，同时右腿为支撑腿，左腿微微抬离地面（图a）。

难度：★★★

ⓐ

❷吸气，然后吐气的同时离地的一侧腿向身体侧面进一步抬起，此时应该以臀部外侧肌肉收缩为主，顶端保持收缩停留1~3秒（图b）。

ⓑ

❸吸气的同时慢慢将腿回落到起始位，然后重复上述过程。

注意事项

　　1. 做这个动作时不应该出现腰椎不适的情况。

　　2. 这个动作不适合有脊柱侧弯问题的人练习。

训练建议

　　适合作为热身动作。

　　强度建议：每侧每组10~20次，完成3~5组。

17 侧卧-直腿-侧提

训练目的：强化臀部和核心肌群。

动作步骤

❶ 准备一个瑜伽垫，侧卧位躺在瑜伽垫上，靠向地面一侧手臂向前伸直，另一侧手在体前支撑地面以稳定身体（图a）。

♥ 小贴士：上半身胸椎段会有侧向的弯曲。

❷ 吸气，然后吐气的同时外侧腿向身体侧面抬起，抬高至臀部外侧肌肉收缩到最大即可（图b）。

❸ 吸气的同时慢慢将腿回落到起始位，然后重复上述过程。

难度：★★★

ⓐ

ⓑ

注意事项

　　如果身体柔韧性较好，可以尝试侧卧位时，靠地面一侧手臂屈肘将身体撑起，也就是上半身侧弯的角度更大（图c和图d），但是请注意，一定要依据自身的柔韧情况进行训练。

训练建议

　　适合作为热身动作。

　　强度建议：每侧每组10~20次，完成3~5组。

ⓒ

ⓓ

18 侧卧 - 弹力带 - 屈膝 - 腿开合（蚌式）

训练目的： 强化臀部肌肉，臀部塑形。

例如侧卧在身体右侧，那么左侧臀则是训练的主要目标肌群。

动作步骤

❶ 准备一个瑜伽垫和弹力带（环状），侧卧位躺在瑜伽垫上，将弹力带套在如图所示的膝盖上方，侧卧位屈膝和屈髋大约90°，胸腹部不要前倾或后倾（图a）。

💓 小贴士1：练习动作阶段可以不用弹力带。

💓 小贴士2：双手可以采用前伸支撑身体的方式（稳定地保持在侧卧位），也可以屈肘将手臂枕于头下。处于学习阶段或者颈椎不好的人建议采用屈肘枕于头下的方式，这样可以保持脊柱（尤其是颈椎）尽量在中立位。

❷ 吸气，然后吐气的同时上侧腿以脚为支撑点向身体后方展开，肌肉收缩到最后时保持1~3秒（图b）。

难度：★★★

ⓐ

ⓑ

❤ 小贴士：每个人的关节活动范围和比例略有差异，所以双腿的打开角度以自己目标肌肉最大收缩为标准。

❸ 吸气的同时慢慢将腿放下，回到起始位，然后重复上述过程。

注意事项

1. 不宜选择阻力过大的弹力带，如果弹力带阻力过大，会让躯干难以保持稳定。

2. 在开合、外展的过程中，基本上是以脚为支点，换句话说动作过程中基本上是一只脚踩在另外一只脚上的。

训练建议

适合作为热身动作，尤其是安排在下肢锻炼前。

强度建议：每侧每组10~20次，完成3~5组。

▪19 支撑−屈膝−腿外展−伸膝 _____

训练目的：强化臀部肌肉，臀部塑形，提升平衡性和稳定性。

动作步骤

① 准备一个瑜伽垫，双手撑地跪在瑜伽垫上，保持脊柱处于中立位（图a）。

② 吸气，然后吐气的同时一侧腿保持屈膝状态向外侧抬起，感受该侧臀部肌肉的收缩，此时处于三点支撑状态（双手、单膝），尽量保持躯干的稳定（图b）。

③ 保持躯干稳定，逐渐伸直抬起腿的膝关节，此时从正面观看，大腿接近于与地面平行，保持1~3秒的静力收缩（图c）。

④ 吸气的同时将腿屈膝慢慢回落到起始位，然后重复上述过程。

难度：★★★★

ⓐ

ⓑ

注意事项

1. 每个人关节活动范围有差异，如果感觉无法完成到动作步骤 ❸，不要勉强，可以只做到动作步骤 ❷，然后将抬起的腿回落即可。

2. 做这个动作时不应该出现腰椎的不适。

3. 请在熟练掌握宽站位－单侧－下蹲以及侧卧－弹力带－屈膝－腿开合（蚌式）动作后再做这个动作。

训练建议

不适合作为热身动作，因为该动作对髋关节活动范围要求较高，适合放在训练中后期。

强度建议：每侧每组10~20次，完成2~3组。

其他角度

20 支撑–腿后蹬

训练目的： 强化臀部肌肉，臀部塑形。

动作步骤

❶ 准备一个瑜伽垫，双手撑地跪在瑜伽垫上，保持脊柱处于中立位（图a）。

❷ 吸气，然后吐气的同时一侧腿脚跟发力带动腿部向后方伸直，后伸至腿部基本与地面平行，保持1~3秒的静力收缩（图b）。

❸ 吸气的同时屈膝回到起始位，然后重复上述过程。

难度：★ ★ ★

ⓐ

ⓑ

注意事项

　　做这个动作时不应该出现腰椎的不适。常见的错误是腿部后伸时没有保持脊柱中立位，而是塌腰代偿，从而导致腰椎不适。解决办法：（1）发力方向是身体正后方，而不是尽可能地向高处抬；（2）在腿部后伸过程中，感知尾骨有向地面卷动的趋势，从而对抗要代偿的趋势。

训练建议

　　不适合作为热身动作，适合安排为热身后的第一个动作。

　　强度建议：每侧每组10~20次，完成3~5组。

21　支撑－腿后蹬－手前伸

训练目的：强化臀部肌肉，臀部塑形，提升平衡性和稳定性。

动作步骤

难度：★★★★

1 准备一个瑜伽垫，双手撑地跪在瑜伽垫上，保持脊柱处于中立位（图a）。

2 吸气，然后吐气的同时一侧腿脚跟发力带动腿部向后方伸直，对侧手向正前方伸直，动作末尾手臂、躯干和腿部基本处于与地面平行的位置，保持1~3秒的静力收缩（图b）。

3 吸气，屈膝的同时手臂回到起始位，然后再换另外一侧重复上述过程。

注意事项

1. 请在熟练掌握支撑－腿后蹬动作以后再做这个动作。

2. 除了与支撑－腿后蹬动作的注意事项相同的一点外，还要注意手抬起的方向是身体的正前方，应避免向上过度发力，导致腰椎代偿。

训练建议

适合安排在热身动作之后。

强度建议：每组10~20次（左右交换算1次），完成3~5组。

22 单腿－扶膝－体前倾

训练目的：强化臀部肌肉，臀部塑形，提升平衡性和膝关节稳定性。

动作步骤

请在熟练掌握扶膝体前倾这个动作后再练习该动作。

1. 正常站立位，双脚分开，站距与髋同宽（图a）。

2. 双腿略微屈膝，重心移动到一侧腿上，另一侧脚悬空。

3. 吸气的同时以髋关节为轴，躯干前倾，同时非支撑腿向后摆动，手臂沿着大腿向下轻扶在膝关节的位置，此时躯干和后伸的腿部基本在一个平面，保持1~3秒的平衡（图b）。

❤ **小贴士**：支撑腿的小腿基本与地面垂直，脊柱基本处于中立位。

4. 吐气的同时躯干挺直，腿回收到正常站位。

❤ **小贴士**：可以单侧训练完再换另一侧训练，也可以选择左右交替训练，但须保证左右完成次数一致。

难度：★★★

注意事项

踝关节有伤病的人群不适合这个动作。

ⓐ　　　　ⓑ

训练建议

可以作为热身动作。

强度建议：每侧每组10~20次，完成3~5组。

23 单腿-体前倾-负重

训练目的：强化臀部肌肉，臀部塑形，提升平衡性和膝关节稳定性。

动作步骤

请在熟练掌握单腿-扶膝-体前倾这个动作后再学习这个动作。

① 正常站立位，双脚分开，站距与髋同宽，左手持哑铃。

💗 **小贴士**：哑铃的重量选择应以能够完成标准动作为准，学习阶段不易选择过大的重量。

② 双腿略微屈膝，重心移动到右腿上，左脚悬空。

③ 吸气的同时以髋关节为轴，躯干前倾，同时左腿向后摆动并伸直，持哑铃一侧的手臂自然垂直在腿前，此时躯干和后伸的腿应基本在一个平面，保持1~3秒。

④ 吐气的同时起身，腿回收到起始位。

💗 **小贴士**：可以单侧训练完再换另一侧训练，也可以两侧交替训练，但须保证左右完成次数一致。

难度：★★★☆

训练建议

强度建议：每侧每组10~20次，完成3~5组。

注意事项

踝关节有伤病的人群不适合这个动作。

24 单腿-体前倾-双手负重

训练目的：强化臀部肌肉，臀部塑形，提升平衡性和膝关节稳定性。

相较于单手负重（单手持握哑铃）来说，双手持握哑铃负重更大，在正式练习单腿动作之前，可以尝试练习双腿体前倾——也就是基础的硬拉练习，因此，在练习单腿动作之前，可以练习一下基础硬拉。

动作步骤

难度：★★★

这个动作本质上为单腿硬拉。

❶ 正常站立位，双脚分开站距与肩同宽，双手各持一只哑铃置于大腿前侧（图a）。

❷ 吸气，重心移至右腿，躯干前倾同时左腿向后伸，支撑腿略微屈膝，此时躯干和后伸的腿基本在一个平面，哑铃贴紧腿前侧，全程保持小腿垂直于地面，保持1~3秒（图b）。

❸ 吐气的同时躯干回正，伴随着腿回收，恢复到起始位。

💗 **小贴士**：可以单侧训练完再换另一侧训练（图c），也可以两侧交替训练，但须保证左右完成次数一致。

ⓐ

ⓑ

ⓒ

注意事项

1. 踝关节有伤病的人不适合做这个动作。

2. 如果在运动过程中膝关节出现较为严重的不稳定，请及时停止做这个动作。

训练建议

强度建议：每侧每组10~20次，完成3~5组。

知识拓展

哑铃硬拉的动作步骤

❶ 正常站立位，双脚分开，站距基本与肩同宽，保持脊柱在中立位，双手各持一只哑铃置于大腿前侧。

❷ 吸气的同时屈膝、屈髋，同时保持脊柱中立位，身体前倾角度为45°~60°，哑铃贴紧腿前侧，全程保持小腿垂直于地面。

❤ 小贴士：具体前倾角度应以能够保持脊柱和骨盆中立位为标准。例如，如果前倾角度太大，导致下背部弓起，说明目前的前倾幅度过大，需要减小。

❸ 吐气的同时起身，逐渐回到起始位。

25　单腿−体前倾的动作变化：加入"游戏性"

为了避免运动中出现的伤病情况，请在熟练掌握单腿、双腿体前倾（硬拉）后再进行"游戏性"训练。

在家中训练时，可以使用一些物体来辅助训练，从而增加"游戏性"，例如用水杯作为目标，具体方法如下。

❶正常站立，双脚分开，站距基本与髋同宽，保持脊柱在中立位（图a）。

❷俯身完成一次单腿体前倾，同时用手去抓水杯，并且将水杯拿起（图b）。

❸拿起水杯后，回到起始位（图c），这时可以选择换一条腿后伸（图d），也可以选择继续用同侧的腿完成动作。

❹俯身完成单腿体前倾，同时将水杯放回地面。

难度：★★★

ⓐ　　　　　　　　　　　　　ⓑ

注意事项

1. 可以增加难度，在完成步骤❷时，继续保持单腿站立，直至完成单侧的训练计划。

2. 水杯摆放位置可以进行远近、左右的变换，这样对于下肢稳定性提出了更高的要求，同时也可以增加难度。

3. 也可进行双人练习，例如甲乙两名训练者可以面对面站立，甲完成俯身体前倾以后，放置水杯的位置就是乙接下来做动作拿起水杯的位置，这样可以通过为对方设置障碍来完成整个训练计划。

训练建议

强度建议：拿起物品并放下物品为1次，若左右腿交替完成，每组5~10次，完成3~5组；若单独完成一侧腿，则每组10~20次，然后交换另一侧腿重复，完成3~5组。

ⓒ　　　　ⓓ

26 臀桥 _____

训练目的：强化臀部肌肉，臀部塑形，提升髋关节稳定性。

动作步骤

1 准备一个瑜伽垫，仰卧位躺在瑜伽垫上，双臂伸直紧贴在瑜伽垫上，这样有助于保持躯干的稳定，同时双腿屈膝，脚距离臀部的位置可以通过步骤**2**进行判断，以动作末尾膝关节角度呈90°为判断指标（图a）。

难度：★★★

2 吸气，然后吐气的同时臀大肌收缩，带动髋关节向上运动，膝关节全程保持稳定，向上运动至膝关节角度大约呈90°，此时躯干和大腿在一条直线上，脊柱和骨盆保持中立位，顶端保持1~3秒的静力收缩（图b）。

❤ **小贴士**：向上发力过程中应避免"顶胯"，目标是让臀部收缩，而不是抬得越高越好。

❸吸气的同时，臀部逐渐下落至接近瑜伽垫。

💙 <u>小贴士：在没有完成这一组的重复次数前，臀部不要完全接触地面。</u>

❹臀部发力重复上述过程。

💙 <u>小贴士：很多女生在做这个动作时，比较容易出现的问题是膝关节内扣，有些是习惯所致，有些则是因为大腿的肌肉无法很好地保持下肢稳定。在出现这一问题时，可以尝试在双腿膝关节处放置一个较厚的枕头，然后夹紧，从而确保膝关节的稳定。</u>

训练建议

　　强度建议：每组10~30次，完成3~5组。

第**6**章

Chapter ...

拉伸

我们为什么需要拉伸呢？其实我们常常提到的很多体态问题，实际上是由不良的生活习惯造成的，例如，上交叉综合征。手机和电脑的使用让我们的生活习惯产生了很大的改变，我们的身体结构原本也不是为了使用手机和电脑这样的设备而演化（进化）的，所以，当肌肉-筋膜组织长期处于这样的工作状态下，会发生适应性缩短。而拉伸、按摩和针对疼痛点（扳机点）的刺激，例如筋膜放松，目的就是拉长发生了缩短的组织，从而改善关节活动范围，或者更准确的描述是，让关节活动范围恢复正常。那么具体来讲，要如何进行拉伸呢？如果你耐心阅读了训练章节的内容，那么不难发现很多动作讲解的最后会提及这个动作适合热身或者不适合热身，实际上动态拉伸也可作为热身的一种方式。例如，当你熟练掌握开合跳这个动作之后，它就是一个不错的动态拉伸动作，既可以起到热身目的（让体温略微升高），又可以活动关节。通常来说，运动前我们做的动作多为动态拉伸，而静态拉伸通常在运动后进行，或者单独拿出一天来做静态拉伸。

6.1 拉伸的基础认知——肌腱、韧带

很多人可能会认为拉伸的对象是韧带，实际上韧带是很难拉伸的，尽管韧带有一定的弹性，但它的延展性有限，如果过于猛烈地拉伸韧带的话，只会让韧带变松，更糟的情况则是把韧带拉断。同时，很多人会分不清楚肌腱和韧带。实际上，连接肌肉和骨骼的部分就是肌腱，而骨与骨的连接是韧带来实现的，虽然它们的作用都是连接，但由于所连接的部位不同，也导致二者在功能上有很大的区别。它们最主要的区别在于，肌腱负责的是传递力量，而韧带负责的则是承担力量。肌腱是肌肉的延伸，所以当肌肉收缩时，肌腱则负责力量的传递，当然这一切是在骨杠杆的作用下实现的，而韧带更多的作用则是限制（也是保护）关节在正常范围内活动，为骨杠杆产生力提供了良好的稳定基础。

肌腱和韧带的主要成分都是胶原蛋白，但是排布方式不一样。由于肌腱是肌肉和骨骼的连接组织，其主要作用是通过肌肉收缩带动骨骼运动，所以肌腱中的胶原蛋白的分布形式主要是平行分布，从而更有助于力量的传递。而韧带中的胶原蛋白采用的则是不规则的交错分布，就像一根麻绳一样，显然这样的分布更有助于韧带承担力量（来自不同方向的力）。

研究表明，长期运动后，肌腱是可以增粗的，这可能源于肌腱对于增强的外部阻力产生的一种适应性变化，但关于肌腱增粗是胶原蛋白纤维数量增加，还是纤维本身增粗，目前尚无定论。

6.2 关于拉伸你必须知道的事

常见的拉伸方法有静态拉伸、动态拉伸、PNF 拉伸等。

静态拉伸是最常见的拉伸方式，指的是拉伸一个特定肌肉或者肌肉群，然后让肌肉在某一长度下保持一定的时间。静态拉伸可以徒手完成，也可以借助一些辅助工具来完成，例如拉伸带、瑜伽带、瑜伽球、瑜伽环等，当然也可以在其他人的辅助下完成。

动态拉伸是指拉伸一个特定肌肉或者肌肉群，然后让其在合理的范围内进行拉长－缩短的长度变化，而不是在某一长度下停留。一些弹跳类动作也可看成是动态拉伸的一种，也叫作弹震式拉伸，例如开合跳热身。弹震式拉伸的范围相对而言会小一些。

PNF 拉伸的全称为"本体感觉神经肌肉促进拉伸"，这种拉伸的运动范围明确在关节的活动范围内，并且被拉伸的目标是处于收缩状态的肌肉，PNF 拉伸多数情况下需要在

其他人的帮助下完成。

接下来，我们讨论的拉伸主要指的是静态拉伸。大家在拉伸过程中需要注意以下事项。

拉伸不应该有的感觉——疼痛难忍

你可能经常会看到一些从事舞蹈专业的人在进行拉伸时（尤其是青少年），疼到尖叫，并且还有人对他们进行外力施压，其实这是很危险且不科学的行为，除了像柔术表演这样需要展现出超过正常人关节活动范围的项目外，拉伸不应该产生这样的疼痛。但这并不意味着拉伸是无痛的，实际上拉伸应该伴随一定的疼痛，疼痛的程度应控制在可容忍的范围内，你感受到的是肌肉略微紧张，但整体依旧是舒适的。

拉伸后不应该出现肌肉的紧张感增加

拉伸的目的是放松肌肉组织，在我们做静态拉伸时，血液的流动、氧在毛细血管中与血红蛋白的结合以及血红细胞流向肌肉的速度都会下降，由于一个拉伸动作的时间是有限的，当拉伸结束后，血流量会比拉伸前显著增加，这就是静态拉伸对肌肉产生的反弹效应。这种反弹效应会让有些人在拉伸后反而出现肌肉紧张感增加的情况，而这并不是我们想要的，需要去避免。那么，什么情况会使拉伸后的肌肉变得更紧张呢？

一种情况是，拉伸速度过快，拉伸状态下保持的时间过短；另一种情况是，拉伸的强度过大，没有采用循序渐进的方法。通常这两种情况是互相伴随一起出现的。例如，当训练者留给拉伸的时间过短，会导致其期望这次拉伸更"高效"，结果就是，单次保持时间过短，以及单次拉伸强度过大。如果没有给肌肉在某一拉伸状态下停留合适的时间（30秒左右，依据自身情况可以更长），会导致目标肌肉在拉伸后产生应激性收缩对抗，这就违背了我们的初衷。

总的来说，就是要注意：1）单次拉伸时间不能过短；2）拉伸强度要循序渐进。

6.3 拉伸动作

01 单臂过头屈臂 _____

拉伸部位：肱三头肌、三角肌后束、大圆肌、小圆肌、背阔肌、胸大肌。

可以选择站姿，也可以在有靠背的座椅上进行。

动作步骤

❶ 抬高右侧手臂，屈肘，右手靠近左侧肩胛或者脊柱的位置（依据自己的柔韧性进行）。

❷ 抬起左臂，用左手抓住右肘的位置，左手向身体左侧或后方发力，持续5秒以上。

❸ 右侧拉伸完毕后，换另一侧重复上述过程。

注意事项

在完成步骤❶时，如果手臂在放置到脊柱或者肩胛位置时，肩关节有卡压感，应该停止做这个动作。

02 双臂后伸

拉伸部位：三角肌前束、胸大肌、肱二头肌。

动作步骤

❶正常站立位，双脚分开，站距基本与肩同宽，双手向身体后方伸出，然后双手交叉握紧（图a）。

❷吸气，然后吐气的同时慢慢将手臂伸直（图b）。

❸如果关节活动范围允许的话，尽量增加手臂向后伸的幅度（图c），注意这时肩关节不应该出现不适的感觉，同时胸大肌和三角肌前束的拉伸感会增强。

ⓐ　　　　　　　　　　ⓑ　　　　　　　　　　ⓒ

03 侧卧屈膝

拉伸部位：股四头肌、胫骨前肌。

动作步骤

❶ 右侧卧位躺下，右手臂屈臂支撑身体，肩部远离耳朵。

❷ 左膝弯曲，同时左手向身体后方抓住左脚脚踝。

❸ 保持左腿膝关节位置不变，将脚踝朝臀部方向拉动。

注意事项

1. 并非一定要将脚后跟一直拉到接触臀部，拉伸范围应该依据自己的本体感觉和关节活动范围而定。

2. 可以通过向身体前方推动髋部来进一步增强拉伸程度。

04 跪姿躯干后伸

拉伸部位：股四头肌、髂肌、腰大肌、腹直肌、踝关节运动的相关肌群。

动作步骤

❶ 跪姿准备，伸直脚背贴在瑜伽垫上，臀部坐在脚跟上（图a）。

❷ 躯干逐渐后仰，双手在身体后方接触地面支撑住身体（图b）。

❸ 躯干继续后仰，肘关节慢慢弯曲，直至小臂完全接触地面（图c）。

❹ 继续让躯干靠近地面，直至手臂、头和肩部接触地面（图d）。

ⓐ ⓑ ⓒ ⓓ

注意事项

1. 步骤❶、❷、❸、❹代表了4种难度，有的人可能第一步都无法完成，一定要依据自己的柔韧性循序渐进地练习。

2. 任何一个步骤如果出现疼痛（例如关节不适），都需要停止。

3. 这个动作有一定的难度，对关节的活动度和关节的健康状态有一定要求，请不要当作最先尝试的动作，要循序渐进地进行。

05 坐姿体前屈

拉伸部位：竖脊肌、臀大肌、股二头肌、比目鱼肌、腓肠肌。

动作步骤

1 坐在瑜伽垫上，伸直双腿，尽量并拢双脚，让双脚脚踝内侧尽可能靠近，同时勾起脚尖，双手可以自然地放在双膝处（图a）。

2 吸气，然后吐气的同时身体向前屈，如果可能的话，双手握住双脚，或者头部朝双腿方向下压，保持住几秒（图b）。

ⓐ   ⓑ

注意事项

1. 在做该动作时膝关节尽量伸直，不要为了完成动作而过多弯曲膝关节。

2. 脚尖可以后勾，也可以前伸，勾脚尖可以增强对小腿腓肠肌的拉伸。

06　坐姿单腿屈膝体前屈 _____

拉伸部位：背阔肌、臀大肌、股二头肌、比目鱼肌、腓肠肌。

动作步骤

❶ 坐在瑜伽垫上，一侧腿伸直，另一侧腿弯曲并将脚收至伸直腿的大腿内侧（图a）。

❷ 吸气，然后吐气的同时躯干朝向伸直腿的脚的方向前屈，此时伸直腿的膝关节应该尽量伸直，保持5秒以上（图b）。

ⓐ

ⓑ

注意事项

1. 伸直腿的脚尖可以后勾也可以前伸，勾脚尖可以增强对小腿腓肠肌的拉伸。

2. 刚开始做这个拉伸动作时，可能无法抓住脚的位置，请注意循序渐进地进行拉伸训练。

3. 站姿也可以进行相似的拉伸动作，如果柔韧性较差（坐姿无法很好完成）的话，就可以选择站姿，因为坐姿的起始位置就需要屈髋90°，但是站姿的起始屈髋角度可以较小，适合更多人群。

07　坐姿V字屈膝体前屈

拉伸部位：背阔肌下部、竖脊肌下部、股二头肌、半腱肌、半膜肌、股薄肌、大收肌、长收肌、臀大肌等。

动作步骤

❶ 坐在瑜伽垫上，双腿屈膝自然打开，依据自己的关节活动范围尽可能地打开至最大，双臂伸直自然落于身体前方（图 a）。

❷ 吸气，然后吐气的同时双手前伸，在脊柱依旧保持中立位的前提下，带动躯干前屈（图 b）。

❸ 双臂前伸到自己的最大活动范围（疼痛感忍耐的最大范围），保持5秒以上，然后回到起始位。

ⓐ　　　　　　　　　　ⓑ

注意事项

　　如果做不了这个动作，可以尝试做后面的"坐姿盘腿体前屈"，增大屈膝角度可以减小大腿后侧肌群和下背部的压力。

08 坐姿 V 字体前屈

拉伸部位：背阔肌、竖脊肌下部、股二头肌、半腱肌、半膜肌、股薄肌、大收肌、长收肌、臀大肌等。

动作步骤

❶ 坐在瑜伽垫上，双腿自然打开，依据自己的关节活动范围尽可能地打开至最大，双腿膝关节尽量伸直，双臂伸直自然落于身体前方（图a）。

❷ 吸气，吐气的同时双手前伸，在脊柱依旧保持中立位的前提下带动躯干前屈（图b）。

❸ 双臂前伸到自己的最大活动范围（疼痛感忍耐的最大范围），保持5秒以上，然后回到起始位。

注意事项

1. 在进行步骤❷时，可以选择双手向前伸，也可以双手朝左侧拉伸或者右侧拉伸（图c和图d），但请注意沿脚的方向拉伸。

2. 初学者或者缺少拉伸训练的人，在单侧拉伸时可能无法完成如图中所示的抓住脚踝的程度，不要急于求成，达到自己的最大限度即可。摸到脚踝的拉伸程度可以更好地拉伸大腿后侧肌肉群、腰背部肌群和腓肠肌。

3. 该拉伸动作的难度取决于双腿打开的角度。

09　坐姿盘腿体前屈

拉伸部位：背阔肌下部、臀中肌、内收肌。

动作步骤

1. 盘腿坐在瑜伽垫上，双脚脚底接触（图a）。调整脚的位置，尽量让脚后跟靠近臀部（耻骨），请注意这段距离的多少取决于你的柔韧性，不要过度。双手抓住双脚，可以选择脚尖或者脚踝上方均可，同时双肘对称放置在膝关节附近，并且朝两侧打开。

2. 吸气，吐气的同时躯干慢慢前屈，同时双肘向两侧下压大腿，保持住5秒以上（图b）。

ⓐ　ⓑ

注意事项

　髋关节有伤病的人不适合做这个动作。

10 仰卧单腿屈膝

拉伸部位：背阔肌下部、臀大肌、臀小肌、臀中肌、梨状肌等。

动作步骤

❶ 仰卧位躺在瑜伽垫上。

❷ 屈膝抬起右腿，双手扶住膝关节髌骨下方的位置，此时左腿应该伸直并尽量紧贴地面。

❸ 吸气，吐气的同时尽量将右腿向胸部外侧肋骨处靠近。

注意事项

　　1. 手的位置可以变换为同侧手放置在膝关节髌骨下方的位置，向同侧肋骨方向靠近的同时，另外一侧手可以抓住脚踝，这样可以更稳定地控制腿的位置（膝关节的方向），比较适合柔韧性相对较差的训练者。

　　2. 手的位置也可以放在膝关节后方。

11 仰卧屈膝外展

拉伸部位：臀大肌。

准备一个合适的瑜伽垫，确保在仰卧位屈髋时，不会造成腰椎的不适。

动作步骤

❶ 仰卧位躺在瑜伽垫上，右腿屈膝、屈髋，左腿屈膝同时抬起，将左小腿放在右腿膝关节上部，左腿膝关节向外展开，同时双手抱住右腿膝关节偏下的位置。

❷ 臀部和腿部肌肉放松，吸气，吐气的同时向身体方向拉动右腿，保持左腿膝关节向外展开，此时可以感知到左侧臀大肌的拉伸，在可以容忍的疼痛范围内保持5~10秒，然后换另外一侧重复上述过程。

注意事项

1. 脊柱（腰椎）有伤病的人不适合做这个动作，同时拉伸过程中脊柱也不应出现疼痛，腰椎两侧肌肉也不应感到不适，如果腰椎两侧肌肉出现疼痛的话，不排除有腰肌劳损的可能。

2. 双手抱膝侧腿的大腿骨应保持与躯干方向一致，不要向内或向外偏斜，拉伸侧腿的小腿与地面接近平行。

12 手臂内收

拉伸部位：三角肌、肱三头肌、斜方肌（中下部）、大圆肌、小圆肌、菱形肌。

动作步骤

❶正常站立位，双脚分开，站距与肩同宽或略宽于肩。

❷左臂跨越体前内收，右臂屈肘，将小臂抵住左臂肘关节偏上的位置。

❸右臂带动左臂，向身体的方向发力。

注意事项

　　肩关节有伤病的人在做这个动作时，如果出现肩关节疼痛，那么请停止做这个动作。

13 毛毛虫爬行

本书训练部分最开始讲解的很多动作都可以用作动态拉伸，例如提膝抬腿、扶墙侧提膝、开合跳等，在这里给大家介绍一个我个人比较喜欢的动态拉伸动作——毛毛虫爬行。

动作步骤

❶ 正常站立位，双脚分开，站距略比肩宽，站立在瑜伽垫后端，若条件允许的话，最好赤足（图a）。

❷ 吸气，吐气的同时屈髋俯身，张开双手、伸出双臂接触地面（图b），此时的动作与我们前面讲过的"人字推"类似，不同的是，这个动作不需要屈肘。

❤ **小贴士：** 一般来说，如果身体后侧肌肉－筋膜组织比较紧张的话，膝关节可以略微弯曲。

❸下一步有3种做法。

　　第一种：手臂支撑平稳的前提下，双脚向前移动，当双手和双脚间距离缩短到接近自己可接受的最大极限时，慢慢起身站直。

　　第二种：双脚支撑平稳的前提下，双手向双脚方向移动，当双手和双脚间距离缩短到接近自己可接受的最大极限时，慢慢起身站直。

　　第三种：双手或双脚交替移动，例如先移动双手（图c和图d），等到双手端稳定后，双脚向稳定端继续移动靠近（图e和图f），当双手和双脚间距离缩短到接近自己可接受的最大极限时，慢慢起身站直（图g），也可以光移动双脚。

第 **7** 章

训练计划 _____

7.1 计划设计

到此为止我们已经掌握了很多运动技巧和动作，接下来我们来看一下平时锻炼的计划范例。

热身	第一组动作	第二组动作	第三组动作	第四组动作
第一个动作：扶墙正提膝，20次/组，2组	扶墙臂屈伸，10~20次/组，3组	交替高抬腿，10~20次/组，3组	宽站位-单侧-下蹲，左右交叉10~20次/组，3~5组	卷腹，10次/组，5组
第二个动作：提膝转体，20次/组，3组	高位俯卧撑，10~20次/组，3组	扶墙正提膝，20~30次/组，3组	箭步蹲+箭步蹲跳，2个动作算一下，10~15次/组，3~5组	瑜伽球手脚传球，10次/组，3~5组
第三个动作：扶膝体前倾-下蹲，12次/组，2组	人字推（地面）5~15次/组，3组			
组间歇10~30秒	组间歇不超过1分钟	组间歇不超1分钟	组间歇维持在30秒左右，最好不要超过1分钟	组间歇不超过1分钟

计划安排说明

热身动作 通常都是较为简单的动作，热身动作要让身体的体温略微升高，"身心"进入运动状态，所以组间歇也会比较短。练习时可以放一些音乐，这样运动的氛围会更好，也有助于在热身中让我们的交感神经更加兴奋。

第一组动作 实际上依旧是热身的状态，强度不会太大，但要有一个基本的思路，例如今天训练的部位以核心、下肢为主，后面又有对肩关节稳定性有一定要求的动作，那么就要结合接下来训练的内容安排这一组动作。

第二组动作 难度要略微增加，因为接下来的动作中有很多需要膝关节和髋关节的动作，所以这一组的安排更像是为接下来第三组的训练进行预热。

第三组动作 基本上就是本次训练难度最大的动作了，组间歇尽量缩短一些，认真完成之后体能消耗会很大。

第四组动作 安排一些难度相对较低的动作作为收尾，整体难度来说，第四组动作和第二组动作类似。

为什么反复强调动作的控制？

　　看完本书的训练章节，你会发现我用了较多篇幅去反复强调呼吸问题，特定的动作还会告诉你需要停顿几秒，这样做的目的是为了用"话术"引导你实现更好的肌肉控制，进而增加关节的稳定性。

　　我在教学中也会采用这样的方式去引导学员，这在运动心理学上称为"结果暗示"。比如，当学员不知道提膝到什么程度时，直接告诉学员提膝到大腿与躯干夹角接近90°是更好的，这种方式比告知学员收缩腹部肌肉，或是告知如何运动髋关节要更直接有效。并不是说理解参与实现某种运动的骨骼和肌肉不重要，而是说理论的学习比较适合放在平时去累积。而在初期的学习动作阶段，最好时刻记住并执行这些"结果暗示"，虽然一开始你会觉得需要注意的细节非常多，但在逐步掌握动作要领后，这些细节你就一定可以完美地执行了。

　　人体肌肉分布分为深层和浅层，我们可以看到和触摸到的基本上都是浅层肌肉，如果层层剥开肌肉，你会发现人体的肌肉组织是一个十分庞杂的体系，它们完美配合才让人体得以完成各种精密的动作。同时，大脑也会本能地为了克服阻力而"智慧"地调控需要参与的肌肉。比如，肱肌在肱二头肌的深层，很多人会认为我们平时弯曲肘关节拿东西时会更多地调用肱二头肌，而实际情况是，弯曲胳膊拿起小重量物品时（比如拿个杯子或者拿起一本书）是不足以调动起肱二头肌的，而是肱肌起了主导作用，因为这样是最节省体能、效率最高的。

　　当我强调动作要做得慢一些时，你才有时间去实现对动作的控制。比如完成俯卧撑的时候，在靠近地面、胸大肌做离心收缩（肌肉对抗阻力被拉长）的过程中，我会建议做得更慢一些，从而提升深层肌肉与浅层肌肉的配合度，进一步提升肩关节——这个全身最灵活也最容易受伤的关节——的稳定性。

训练"质"比"量"更重要

　　注重动作的完成度、质量和细节，而不是急于大幅地提升训练量，这也是我在书中反复强调的一个方面。我可以理解很多人想通过提升运动量来消耗更多的热量，从而尽快达到减肥的目的。但不要忘记我们在本书开篇时提到的，运动本身是有一定风险性的，或者说运动的门槛是很高的，练好了不容易，练伤却很容易，也很常见。

　　想必你已经发现了，任何一个看似简单的动作都需要注意很多细节，这也是本书训练章节中动作顺序如此安排的出发点。你会发现，大部分的动作细节都是以稳定核心和髋关节为目的的，动作的前后顺序都是为了循序渐进地掌握接下来动作的细节而安排的。

例如扶墙阶段的臂屈伸，反复强调控制、呼吸以及确定自己的站位，这是为过渡到地面做俯卧撑打基础，很多女性上肢力量较弱，无法完成标准的俯卧撑，如果直接学习俯卧撑，通常的做法是减少阻力臂，比如退阶到跪姿俯卧撑。但很多人（包括教练）往往忽略了一个重要细节，那就是完成俯卧撑要达到的身体平衡是需要核心肌群参与的，而为了稳定核心区，肩关节复合体（肩锁关节、盂肱关节、胸锁关节、肩胛胸廓关节）、肘关节、腕关节，下至脊柱、髋关节都需要很好地配合才可以。

如果不注意这些会怎么样呢？答案很简单，那就是身体不平衡，非平衡态的身体会对关节产生很大的压力，最常见的反应就是掌腕关节和肩关节的不适。

例如，很多人在做俯卧撑（或者其他支撑类动作）时，手掌在身体运动的过程中会偏离支撑面，比如感知到重心偏向手掌外侧（尺侧）。在支撑类动作中，手掌重心与支撑面的全面吻合才是正确的发力方式，但由于上肢力量欠佳，却又要勉强完成这个动作时，就会出现代偿发力的情况。那么，刚才说过的手掌重心偏移到手掌外侧，会有什么危害呢？手掌作为第一支撑环节，如果它无法稳定地完成支撑作用的话，那么接下来肘关节就会进一步传递从腕关节来的不稳定的晃动，然后继续传递给肩关节和肩胛骨，结果就是，你就会看到训练者躯干扭曲着做着不标准的俯卧撑。

肩关节和肩胛骨的稳定状态会进一步影响脊柱，因为它们都与胸廓关联，从而让附着在脊柱上的核心区的大部分肌肉（尤其是深层肌肉）也无法被很好地调动，也就是无法实现核心区的稳定。所以看似你用"运动员精神"完成了动作，却大大增加了运动损伤风险。短期内这种不顾安全性的做法对关节、韧带和肌腱都十分不友好；长期来看则会影响你的体形发展，毕竟你是在不平衡的状态下完成动作的，因此，这样的训练对你所设想的目标肌群的刺激非常有限，也就不能按照你的"意志"达到塑形的目的了。

要知道，肌肉是可以形成记忆的，这当然包括对错误动作的记忆，并且错误动作重复多了纠正起来也更难。所以，刚开始学习动作的时候请务必要有耐心。强烈建议你参考本书的图片，拍摄你在同角度下的训练视频，然后反复进行对比、纠正和调整。

我该做仰卧起坐还是卷腹？

仰卧起坐想必是大家都非常熟悉的动作，甚至还是我们上学时体育课上的考试项目之一。很多人在追求马甲线时，会优先想到仰卧起坐。你要知道的是，无论是仰卧起坐还是卷腹，它们都是针对肌肉的训练，如果你想要马甲线更明显，更需要的是减少腹部的脂肪。那么，如果仅从运动本身来讲，卷腹和仰卧起坐哪个更好呢？

相信你已经发现，我们的动作中并没有安排仰卧起坐，你可能还会觉得我们的动作有些简单了，因为哪怕有卷腹，其幅度也并不大（相比仰卧起坐而言）。那么接下来让我们分析一下这两个看着相似的动作的动作模式。

卷腹并不是特指一个具体的动作，所有让身体前屈收缩腹直肌的动作都可以被称为卷腹。比如，很多人喜欢在健身房用龙门架做绳索卷腹，在家中如果有弹力绳或者弹力带，并且可以很好地固定在高处时，也可以完成站姿或者跪姿的卷腹，但最常见的卷腹动作就是本书中介绍的方式。

通常在做卷腹时，都是仰卧位躺在地面上，腿并非是固定或者伸直的，而是在屈髋和屈膝情况下脚踩地面，膝关节夹角通常是90°。然后深吸一口气，吐气的同时身体（躯干）前屈，此时腹直肌向心收缩，并且腹直肌收缩到肩胛骨差不多刚刚离开地面的程度时，吸气回到起始的仰卧位，这就完成了一次卷腹。

在卷腹的过程中之所以身体能够前屈，主要归功于腹直肌的收缩。在动作过程中之所以强调呼吸的配合则是为了更好地调动腹部深层肌群的收缩，可以说，充分、孤立并且安全的腹部动作，首选就是卷腹了。

而仰卧起坐通常是在下肢固定的前提下完成的，在做到肩胛骨离开地面后，躯干继续抬离地面，直到与地面垂直，或者前屈更多。尽管仰卧起坐看起来好像躯干前屈更多，但其实当肩胛骨离开地面后，腰椎的曲度已经没有太大的变化了，也就是说在后半程，完成这个动作的肌肉群已经发生了变化。

当躯干前屈至肩胛骨离开地面时，主要发力肌肉是腹直肌（腹外斜肌、腹内斜肌、腹横肌也在辅助参与收缩），此时躯干处于屈曲状态，在这之后的过程，更多加入了髋关节的前屈。可以说后半程腹部肌群的有效收缩并没有大幅增加，而是髂腰肌的收缩实现了动作的完成。

我们可以把仰卧起坐分成两个步骤，前半程的卷腹是"仰卧起"，后半程则是"坐"，"仰卧起"着重锻炼腹直肌，"坐"则侧重锻炼髂腰肌。因此，如果你以强化腹部肌群为主要训练目标，只做卷腹是更合适的。

此外，仰卧起坐并不是适合所有人。对于腹部力量较弱的人来说，很多时候会把仰卧起坐做成只有"坐"的过程，形态上你会看到训练者基本上是"直"着腰完成离地的，根本没有"卷"的过程，那么此时参与发力的主要就是髂腰肌等屈髋相关的肌群。这样做的结果，不仅没有调动起腹部的参与，也会给腰部造成较大的压力。

其实，你可以把仰卧起坐看成卷腹的进阶版本，"坐"的过程依然需要保持卷腹的发力，这其实对核心力量提出了更高的要求。因此，如果要做仰卧起坐，一定要建立在卷腹动作充分掌握的基础上再进行。

翼状肩胛和前锯肌

在稳定肩胛骨这件事上，前锯肌是一块非常重要的肌肉。前锯肌的位置在胸廓的侧面，本书在讲解与"撑"有关的动作时，提及比较多的一个肌肉也是前锯肌，因为前锯肌是唯一一个让肩胛骨做前伸动作的肌肉。

前锯肌的起点在第1~9根肋骨外侧表面，止点在肩胛骨整个内侧缘和肩胛骨下角处，它的作用就是让肩胛骨稳定在胸廓上（从后方看），可以说是让肩胛骨实现向上转动和向前伸的最为有力的肌肉。

本质上来说，仰卧位的"推"这个动作的完成过程是：前锯肌向心收缩，把力通过肩胛骨传递到肱骨。如果你做的是扶墙推，或者是俯卧位的推，那么阻力（自重）则是从腕关节到肘关节，然后到肱骨，再由肱骨传递到肩胛骨，此时如果前锯肌没有产生收缩，那么肩胛骨则会向后凸出。因此，我们在观察学员做所有和"推"相关的动作时，都会观察肩胛骨的状态，当前锯肌无力或者没有"激活"时动作的完成会直接受到影响。不仅仅是"推"类的动作，还包括手臂从体前或体侧举到头顶的动作，也很容易暴露出前锯肌的薄弱问题。如果你在练习本书中的扶墙和支撑类动作时，出现了明显的肩胛骨后凸的情况，可以进行下面的练习，这个练习可以扶墙完成，也可以支撑位完成。首先尽量在肘关节伸直的前提下进行，吸气让躯干"陷入"两肩之间，此时完成的是肩胛骨的后缩，然后在吐气的同时用手推墙体或者地面，让躯干在肩后撑开，此时完成的是肩胛骨的前伸，重复这个过程，可以很好地锻炼到前锯肌。很多人并不能在短时间内感受到前锯肌的发力，所以要有耐心地持续练习。

7.2　16个完整训练计划

前面我们已经针对健身中一些常见的误区以及如何展开训练进行了详细讲解，本节为大家提供了16个训练计划示例，它们都经过我实际使用过，希望可以给大家的训练带来帮助。

计划1　热身：全身热身

序号	动作名称	组数/组	组间歇时间/秒	完成次数/次	页码
1	提膝抬腿	2	5~10	12~20	84
2	扶墙臂屈伸	2	5~10	12~20	51
3	扶膝体前倾	2	10~15	12~20	118
4	扶膝体前倾-下蹲	2	10~15	12~20	120

计划2　热身：上肢为主

序号	动作名称	组数/组	间歇时间/秒	完成次数/次	页码
1	提膝抬腿	3	5~10	12~20	84
2	扶墙臂屈伸	1~2	5~10	12~20	51
3	高位俯卧撑	2	5~10	8~15	56
4	开合跳①	2	5~10	12~20	—

计划3　热身：下肢为主

序号	动作名称	组数/组	间歇时间/秒	完成次数/次	页码
1	提膝抬腿	1	5~10	12~20	84
2	交替高抬腿	2	5~10	12~20	89
3	提膝转体	2	5~10	12~20	92
4	开合跳	2	10	10~15	—
5	扶膝体前倾	2	5~10	10~15	118
6	扶膝体前倾-下蹲	2	10	10~15	120

计划4　热身：核心为主

序号	动作名称	组数/组	间歇时间/秒	完成次数/次	页码
1	扶墙正提膝	1	5~10	10~20	96
2	扶墙侧提膝	1	5~10	10~20	98
3	提膝抬腿	1	5~10	12~20	84
4	交替高抬腿	2	5~10	12~20	89
5	提膝转体	1	5~10	12~20	92

注：①处提到的"开合跳"这一动作，本书未做详细介绍。

计划5　上肢锻炼：紧致肩部和手臂1

预计热量消耗：150~200千卡

序号	动作名称	组数/组	间歇时间/秒	完成次数/次	页码
1	扶墙臂屈伸	3	15~30	10~15	51
2	哑铃侧平举	4	10~20	10~20	70
3	俯身－哑铃－臂屈伸	4	10~20	10~20	78
4	变成"蜘蛛人"	2	10~20	10~16	64
5	人字推	2~3	10~20	10~15	66
6	跪式俯卧撑	2~4	15~30	8~15	58
7	扶墙正提膝	2~4	15~30	10~20	96

计划6　上肢锻炼：紧致肩部和手臂2（循环训练）

说明：1~6为一个循环，建议做2~4个循环

预计热量消耗：200~300千卡

序号	动作名称	组数/组	间歇时间/秒	完成次数/次	页码
1	扶墙臂屈伸	1	15~30	10~15	51
2	弹力带侧平举	1	10~20	10~20	72
3	变成"蜘蛛人"	1	10~20	10~16	64
4	人字推	1	10~20	10~15	66
5	扶墙正提膝	1	10~30	8~15	96
6	扶墙侧提膝	1	10~30	10~20	98

计划7　上肢锻炼：重塑核心1

预计热量消耗：200~300千卡

序号	动作名称	组数/组	间歇时间/秒	完成次数/次	页码
1	哑铃侧平举	3	10~20	10~20	70
2	哑铃推举（难度增加可以做肘关节旋转的推举）	4	10~20	10~20	74
3	扶墙臂屈伸	3	10~20	10~20	51
4	变成"蜘蛛人"	2	10~20	10~16	64
5	仰卧交替提膝	2~3	10~20	10~15	104
6	卷腹	4	15~30	8~15	102
7	侧卧提膝	2~4（左右侧算1组）	15~30	10~20	108

计划8　上肢锻炼：重塑核心2（循环训练）

说明：1~8为一个循环，建议做3~5个循环

预计热量消耗：300千卡

序号	动作名称	组数/组	间歇时间/秒	完成次数/次	页码
1	扶墙臂屈伸	1	5	10~15	51
2	高位俯卧撑	1	10	10~20	56
3	变成"蜘蛛人"	1	10~20	10~20	64
4	平板支撑	1	10	10	61
5	仰卧交替提膝	1	10~30	10~15	104
6	卷腹	1	10~30	8~20	102
7	跪式俯卧撑	1	10~30	10~20	58
8	哑铃推举	1	10~20	10~15	74

计划9　下肢锻炼：臀腿曲线塑造1

预计热量消耗：200~300千卡

序号	动作名称	组数/组	间歇时间/秒	完成次数/次	页码
1	扶墙正提膝	2	5~10	10~15	96
2	提膝转体	2	5~10	10~20	92
3	交替高抬腿	2	10~15	10~20	89
4	空蹲	3~5	10~20	10~16	124
5	箭步蹲跳	2	10~20	10~15	142
6	支撑－腿后蹬	2	15~30	10~15	158
7	支撑－腿后蹬－手前伸	2	15~30	10~20	159
8	臀桥	3	15~30	10~20	166
9	瑜伽球伸臂卷腹	5	10~15	8~15	114
10	瑜伽球手脚传球	3	5~15	8~12	116
11	提膝卷腹	3	5~15	10~15	106
12	哑铃单手上举下蹲	2	15~30	8~12	134

计划10 下肢锻炼：臀腿曲线塑造2（循环训练）

说明：1~9为一个循环，建议做3~5个循环

预计总热量消耗：300~400千卡

序号	动作名称	组数/组	间歇时间/秒	完成次数/次	页码
1	提膝转体	1	5	10~15	92
2	开合跳	1	10	10~20	—
3	背靠－墙体－瑜伽球－下蹲	1	10~20	15~20	128
4	哑铃上举下蹲	1	10	10	132
5	交替高抬腿	1	10~30	10~20	89
6	宽站位下蹲	1	10~30	8~20	130
7	侧卧－弹力带－屈膝－腿开合（蚌式）	1（左右为1组）	10	10~15	154
8	臀桥	1	10	10~15	166
9	仰卧屈膝左右摸脚踝＋卷腹	1	10	10（左右摸脚踝＋1个卷腹为1次）	110、102

计划11 极致燃脂训练

预计总热量消耗：200~300千卡

序号	动作名称	组数/组	间歇时间/秒	完成次数/次	页码
1	开合跳	1	5	10~15	—
2	提膝转体	2	10	10~20	92
3	扶膝体前倾－下蹲	1	10~20	15~20	120
4	宽站位下蹲	1	10	10~15	130
5	交替高抬腿	1	10~30	10~20	89
6	哑铃上举下蹲	1	10~30	10~15	132
7	开合跳	1	10	10~15	—
8	变成"蜘蛛人"	1	10	10~15	64
9	扶墙正提膝	1	10	10	96
10	仰卧交替提膝	1	10	10（左右为1次）	104
11	哑铃侧平举	1	10~15	10~15	70
12	扶墙臂屈伸	1	10	15~20	51
13	开合跳	1	10	10~15	—

训练12　极致燃脂训练2

预计总热量消耗：200~300大卡

序号	动作名称	组数/组	间歇时间/秒	完成次数/次	页码
1	扶墙臂屈伸	1	5	10~15	51
2	提膝转体	2	10	10~20	92
3	高位俯卧撑	1	10~20	15~20	56
4	宽站位下蹲	1	10	10~15	130
5	开合跳	1	10~30	10~20	—
6	提膝转体	1	10~30	10~20	92
7	宽站位下蹲	1	10	10~15	130
8	箭步蹲	1	10	10~20	136
9	箭步蹲跳	1	10~30	10	142
10	交叉提膝抬腿	1	30	10	90
11	箭步蹲跳	1	15~30	10~15（左右算1次）	142
12	提膝转体	1	20	10~20	92
13	箭步蹲跳	1	10~30	10~20（左右算1次）	142
14	哑铃侧平举	2	30	10~15	70
15	变成"蜘蛛人"	1	10~20	10~20	64
16	扶墙正提膝	2	10~20	10~20	76
17	仰卧交替提膝	2	20	15~30（左右算1次）	104

注：如果还有体能，请重复4~13。

计划13　极致燃脂训练3

预计总热量消耗：400千卡

序号	动作名称	组数/组	间歇时间/秒	完成次数/次	页码
1	提膝转体	2	5	10~15	92
2	交替交叉提膝高抬腿	2	10	10~20	94
3	四点支撑	2	10	10秒	60
4	变成"蜘蛛人"	1	10	10~15	64
5	支撑-腿后蹬-手前伸	2	10~30	12~20（左右算1次）	159
6	跪式俯卧撑	1	10~30	10~20	58
7	扶墙正提膝	1	10	10~15	96
8	跪式俯卧撑	1	10	10~20	58
9	扶墙正提膝	1	10~30	10	96

续表

序号	动作名称	组数/组	间歇时间/秒	完成次数/次	页码
10	侧卧提膝	1	10~15	10（左右算1次）	108
11	仰卧交替提膝	1	10~15	10~15（左右算1次）	104
12	侧卧提膝	1	10~15	10（左右算1次）	108
13	仰卧交替提膝	1	10~15	10~15（左右算1次）	104
14	仰卧屈膝左右摸脚踝＋卷腹	3	30	10~20（左右摸脚踝＋卷腹算1次）	110、102
15	臀桥	2	30	10~15	166
16	提膝转体	1	10~20	10~20	92
17	箭步蹲	2	10~20	10~20	136

注：如果还有体能，请重复4~14。另，第3项四点支撑在完成次数列中的"10秒"为保持时间。

计划14　心肺提升功能训练

预计总热量消耗：150~200千卡

序号	动作名称	组数/组	间歇时间/秒	完成次数/次	页码
1	开合跳	2	10	10~15	—
2	提膝转体	1	10	10~20	92
3	交叉提膝抬腿	1	10	15~20	90
4	扶墙正提膝	1	10~15	10（左右为1次）	96
5	开合跳	1	10~15	10~20	—
6	仰卧交替提膝	1	10~15	10（左右为1次）	104
7	开合跳	1	10	10~15	—
8	仰卧交替提膝	1	10	10（左右为1次）	104
9	开合跳	1	10	10	—
10	提膝转体	1	30	10（左右为1次）	92
11	休息30秒（不要坐着）				
12	箭步蹲跳	1	10	10~20	142
13	开合跳	1	10	10~15	—
14	交替高抬腿	1	10	10~15	89

计划15　1平米训练（站姿训练）

预计总热量消耗：150~300千卡

序号	动作名称	组数/组	间歇时间/秒	完成次数/次	页码
1	扶膝体前倾	2	10	10~15	118
2	扶膝体前倾－下蹲	2	10~15	10~20	120
3	提膝抬腿	1	10	15~20（左右为1次）	84
4	提膝抬腿：尝试慢速	2	10~15	10（左右为1次）	87
5	站姿－直腿－侧提	2	10~20	10~20（左右为1次）	150
6	宽站位下蹲	2	10~30	10	130
7	交替高抬腿	1	10	10~15	89
8	背靠墙体静力蹲	2	10~20	10~30秒[①]	122
9	提膝抬腿	2	10	10~20（左右为1次）	84
10	箭步蹲跳	1	10~20	10	142
11	背靠墙体静力蹲	1	10~15	20~30	122
12	交替高抬腿	1	10	10~20	89
13	双手交叉下蹲	2	10~20	10~15	125
14	背靠墙体静力蹲	1	10~15	20~30秒[②]	122
15	交替高抬腿	1	10	10~20	89
16	哑铃上举下蹲	1	20	10	132
17	哑铃侧平举	2	20	10	70

注：①②两处为保持时间。

计划16　垫上全身训练

预计总热量消耗：150~300千卡

序号	动作名称	组数/组	间歇时间/秒	完成次数/次	页码
1	变成"蜘蛛人"	2	10	10~15	64
2	四点支撑或者平板支撑	2	10~15	10~15秒[③]	60、61
3	侧卧提膝	2	10~20	15~20（左右为1次）	108
4	臀桥	2	10~15	10~20	166
5	瑜伽球伸臂卷腹	2	10~20	10~20	114
6	支撑－屈膝－腿外展－伸膝	1	10~30	10（左右为1次）	156
7	俯卧交替提膝	1	10~15	10~15（左右为1次）	104
8	四点支撑或者平板支撑	1	10~15	10~15秒[④]	60、61
9	瑜伽球手脚传球	1	10	10~20	116

续表

序号	动作名称	组数/组	间歇时间/秒	完成次数/次	页码
10	侧卧提膝	2	10~20	15~20（左右为1次）	108
11	支撑－屈膝－腿外展－伸膝	1	10~15	10~15（左右为1次）	156
12	支撑－腿后蹬－手前伸	2	10~20	10~20	159
13	跪式俯卧撑	2	10~20	10~15	58
14	仰卧交替提膝	2	10~15	10~30	104
15	侧卧－弹力带－屈膝－腿开合（蚌式）	2	20	10~20（左右为1次）	154
16	臀桥	2	20	10~20	166
17	瑜伽球手脚传球	1	10	10~20	116
18	提膝卷腹	3	20	10	106

注：③④两处为保持时间。

作者简介

赵鑫，本硕均毕业于北京航空航天大学生物与医学工程专业；是职业健美运动员（IFBB PRO），曾获2016年全国健美健身冠军总决赛女子比基尼健身全场冠军；具有多年健身教练经验，微博自媒体博主，旨在向广大健身爱好者传授科学、可持续和健康的健身训练方法和生活理念；轻铁健身工作室创始人，目前已研发多门轻铁健身线上课程，广受学员好评。